我
思

敢於運用你的理智

唯識學叢書

八識規矩頌注譯（二種）

倪梁康 注譯

長江出版傳媒｜崇文書局

圖書在版編目（CIP）數據

八識規矩頌注譯：二種 / 倪梁康注譯 . 一武漢：崇文書局，2021.7（2024.7 重印）
（唯識學叢書）
ISBN 978-7-5403-6286-7

Ⅰ．① 八… Ⅱ．① 倪… Ⅲ．① 唯識宗－佛經－研究
Ⅳ．① B946.3

中國版本圖書館 CIP 數據核字（2021）第 091523 號

本書第一部分《玄奘〈八識規矩頌〉新譯》，台灣版原書名為《新譯〈八識規矩頌〉》，由三民書局股份有限公司授權崇文書局在中國境內（台灣、香港、澳門地區除外）獨家出版中文繁體字版。

2015 年湖北省學術著作出版專項資金資助項目

我
思 ↗
敢於運用你的理智

八識規矩頌注譯（二種）

出 版 人　韓　敏
出　　品　崇文書局人文學術編輯部
策 劃 人　梅文輝（mwh902@163.com）
責任編輯　葉芳　梅文輝
封面設計　甘淑媛
出版發行　長江出版傳媒｜崇 文 書 局
地　　址　武漢市雄楚大街 268 號出版城 C 座 11 層
電　　話　027-87680797　郵 編　430070
印　　刷　湖北新華印務有限公司
開　　本　880 mm×1230 mm　1/32
印　　張　6.625
字　　數　145 千
版　　次　2021 年 7 月第 1 版
印　　次　2024 年 7 月第 3 次印刷
印　　數　4001—6000 冊
定　　價　70.00 元
（讀者服務電話：027—87679738）

目　錄

玄奘《八識規矩頌》新譯

導讀

　　《八識規矩頌》是佛教唯識學的一份極其重要的漢語文獻。相傳為唐代的三藏大師玄奘所作。雖然對此目前教界和學界尚存爭議，但它在佛教學理方面所具有的重要地位，以及在唯識學歷史上所引發的重大效果是毋庸置疑的。從內容來看，它言簡意賅，在四十八句中幾乎包容了唯識學的所有基本名相和要義，為初學者提供了瞭解唯識學的方便法門。從歷史來看，明末的唯識學復興，便肇始於對它的注解和詮釋。即使今天，在清末楊仁山自日本引回諸多散佚的唯識論疏經典之後，它仍然是一份很有影響力的唯識學經典文獻，仍然是最重要的佛教唯識學的入門教材之一。在《大正藏》和《四庫全書》中，《八識規矩頌》都有收錄。各地的佛學院，也大都設有講解《八識規矩頌》的課程。

　　在具體解釋《八識規矩頌》的基本內容之前，我們首先要說明佛教中的唯識學是什麼，它如何產生？“識”在這裡意味著什麼，“唯”應當如何來理解，以及與此相關的問題。

一、什麼叫"唯識學"？

　　無論是在泛泛的日常會話中，還是在深奧的學術論述中，我們今天都不時地會用到"意識"這個詞。它可以算是司空見慣的一個用語了。然而"意識"並不是中國文化原先就含有的概念，而是從印度佛教典籍的翻譯而來的。雖然在漢語中早有"意"字也有"識"字："意"是指"思量"，"識"是指"了別"。但是，將它們組成一個語詞來專門標識某個對象或狀態，這是在翻譯佛典後纔開始有的事情。中國古代的佛典翻譯者們專門用"意識"這個詞來翻譯梵文原文中的"mano-vijñāna"。——這裡所說的"意識"一詞只是無數例子中的一個，它可以初步和大致地表明：我們今天的各種用語實際上已經滲透了佛教的術語，諸如"世界""人間""思想"以及其他等等。

　　誠然，這些外來的概念在長期的使用中也會隨著時代的變化和時代精神的變化而改變自己原有的涵義。"意識"概念也是如此。它今天所具有的詞義與它原先作為"mano-vijñāna"的對應詞時所具有的詞義並不完全一致，因為我們如今日常使用的"意識"一詞，已經更多地帶有了西方哲學賦予它的含義，它相當於西方哲學中常常被使用的英文的"consciousness"概念，或德文的"Bewußtsein"，或法文的"conscience"等等。這個意義上的"意識"概念，通常被用來標識人所具有的心理體驗的總和。當然也有人定義說：意識就是人的精神活動的主體；還有人定義說：意識是一個主體所具有的心理機能，如此等等。但無論如何，這些定義至少都表明，我們今天所使用的"意識"一詞，是一個包容很廣的概念。我們大致可以說，人在清醒狀態下進行的所有心理活動都與"意識"有關。而且即便是在不清醒狀態下進行的心理活動，也往往被看作是"意識"的一種，即"下意識""潛意識""無意識"，或"超意識"。

這個包容量很大的現代"意識"概念，與佛教中的"意－識"概念顯然是有區別的。後面我們很快便可以看到，這個現代的"意識"概念更多符合佛教中的"心識"概念。

原初的"意識"概念，在佛教中是指一個特定種類的"識"。佛教唯識學家認為，"識"共有八種，而"意－識"只是其中的一種。因此，就這個原有的意義而論，也就是說，從佛教的"意－識"一詞的意思來看，"識"是一個比"意"更寬泛的概念。除了"意識"之外，我們還有"眼識""耳識""鼻識""舌識""身識"。它們用現在較為通行的語言來說就是"視覺""聽覺""嗅覺""味覺"和"觸覺"。它們與"意識"一起，構成佛教唯識學所劃分的八識中的前六識。除此之外還有另外兩識：第七識為"意"或曰"末那識"，第八識為"心"或曰"阿賴耶識"。

作為第六識的"意識"，在佛教中有專門的涵義。它主要是指知覺（perception）、體現（presentation）的認識作用。我們在後面對《八識規矩頌》的釋義中將會詳細說明，這個"意－識"概念，也就相當於我們在現代西方哲學中——例如在德國哲學家康德（I. Kant）和胡塞爾（E. Husserl）哲學中——可以讀到的"統覺"（Apperzeption）概念。但第六識的概念還要更大一些，它還包含例如想象（imagination）的認識作用，包括所有再造（re-production）、再現（representaion）等等，甚至包括本質直觀、哲學沉思、夢中意識等等。

　　至此我們可以總結一下：佛教中的"意識"與我們日常所説的"意識"是不同的。如今我們通常所説的"意識"，倒是與佛教唯識學中的"識"相接近①，因此，如果我們把"唯識學"翻譯成現今的日常文字，那麼可以説，它就意味著"唯意識學"②。這個學説與胡塞爾在上世紀初所創立的意識現象學非常相似，儘管在它們之間沒有直接的淵源關係和借鑒關係。在一定的意義上可以説，現象學是一門現代版的唯識學。因此，後面所做的釋義，在許多方面也借助了現象學的術語和現象學的分析方式。

　　現象學認為，我們無法回答意識如何超出自己之外去切中和把握外部事物的問題，也就是無法回答托瑪斯·阿奎納（Thomas Aquinas）所説的智性與實在如何相應的問題。但我們可以將這個形而上學的問題擱置起來，放棄超越的設定，僅僅面對我們的意識本身，停留在意識的內在之中。這樣，我們便可以從一個全新的角度來考察所有的問題，例如我們可以考察，意識如何構造起外部的實在，然後又把外部的實在看作是超越意識自在存在的；也就是説，我們如何把本來是我們的東西、內部的東西看作異己的、外在的。

　　從這個思路展開去，我們就可以説：無論是一個對象，還是一個本質，或是一個價值，都必須是可以在一個意識中顯現出來的東西，否則無法去知道它和談論它。就此而論，哲學中的現象學研究方向與形而上學研究方向是完全對立的。這也構成唯識學的

---

　　① 唯識學家也常用"心識"來總稱"八識"。因此，為了區別起見，我們在後面將用"心識"一詞來取代唯識學中別有用意的"意識"。

　　② 用佛教的術語來説則更應是"唯心識學"。

基本原則。唯識學的"萬法唯識"之主張，同時也就意味著"現象學的最高原理"：它在胡塞爾那裡是指："始終進行純粹直觀的把握，永不進行源自概念的構造。"[①]現象學排除任何超越於意識的預設，懸擱任何無法在意識中被給予的構想。而在另一位現象學的代表人物舍勒（M.Scheler）那裡，現象學的原理同樣是指："在對象的本質和意向體驗的本質之間存在著一個聯繫。而且是一個我們在這樣的體驗的每個隨意事例上都可以把握到的聯繫。"因此，他認為，"我們同樣也排斥絕對的本體主義，即那種認為有可能存在按其本質不可被任何意識把握的對象的學説。任何一個對某個對象種類之實存的主張都根據這個本質聯繫也都要求給出一個這個對象種類在其中被給予的經驗種類。"[②]

這個思考的方向實際上也就是唯識學的思考方向。唯識學的根本主張也可以歸結為"唯識無境"。它意味著，除了心識的變化顯現之外，沒有任何超越意識的實在，沒有任何外在於意識的對象。而且還可以更進一步，除了心識活動的規律以外，不存在任何其他的義理。這也就是永明延壽大師在《宗鏡録》中所説的"千經萬論，皆是言心"[③]。因此，"唯識（性）"（vijñapti-mātratā）一詞，就是"唯有識""不離識"的意思。"唯"（mātra）在這裡是指："唯獨""僅有""不離""無非"等等。而唯有什麼識，對此問題有幾種解釋。例如一種解釋是唯有心識，即唯有八種心

① 胡塞爾：《文章與報告》，《胡塞爾全集》XXVII, The Hague, Netherlands: Kluwer Academic Publishers, 1988, S. 128。

② 舍勒：《倫理學中的形式主義與質料的價值倫理學》，Bern und München: Frank Verlag, [6]1980, S. 270。

③ CBETA, T48, no.2016, p. 584, a19–20.

識；另一種解釋是唯有阿賴耶識，即唯有第八識。這些解釋並不具有本質上的差異。

就此而論，唯識學既是認識論的學說（關於認識活動的學說），也是本體論的學說（關於存有的學說）。我們不妨將它看作是一種作為本體論的認識論。[①]

當然，細究下去，"唯識"之"識"（vijñapti）與"心識"或"八識"之"識"（vijñāna）並不完全相同：後一個"識"是一個動名詞，它由兩個詞合成：vi（分析、分割）與 jñāna（知），意思是通過分析、分類對象而進行的認知作用。而前一個"識"在梵文中是一個過去分詞，是由後一個"識"變化而來。它不只具有"識"或"了別"的意思，而且還帶有"識（或'了別'）所表現出來的"意思。[②] 從這個意義上說，唯識學不僅討論心識的活動本身，也討論心識活動的相關項，即討論那些由心識所構造出來、而後又被當作"外部對象"的東西。

在此意義上，唯識學強調"萬法唯識"。具體地說，佛教唯識學將一切事物的本性和一切對它們的認識規律歸結為五位百法：(一) 心王法，共計八種；(二) 心所有法，共計五十一種；(三)

[①] 固然，與佛教的其他學說相比，如演培法師所說，"法相唯識學，雖不是沒有論及到心識本體，但為其說特別放一次異彩，不在心的本體論方面，而在心的現象論方面。"（演培：《唯識二十頌講記·八識規矩頌講記》，臺北：天華出版公司，1986年，第106頁）

[②] 參見呂澂：《呂澂佛學論著選集》，卷四，濟南：齊魯書社，1991年，第2080頁。也可以參見勝呂靜信的說法，載高崎直道等著：《唯識思想》第三章"唯識說的體系之成立：第五節'識'——vijñāna與vijñapti"，李世傑譯，貴州大學出版社，2016年，第91—95頁。

色法，共計十一種；（四）心不相應法，共計二十四種；（五）無為法，共計六種。這五類法則合計共一百種。唯識學的基本主張就在於：宇宙萬有的現象及其認識法則最終都可以歸結為"識"（vijñapti），即心識活動和它的相關項。

以上主要是從"唯識學"的字面意思來講。接下來我們要從歷史背景出發來解釋唯識學的由來和所以。

二、"唯識學"的緣起與歷史

唯識學最初產生於印度。它的基本原理一直可以溯回到佛祖釋迦牟尼的言傳身教上。因此，在最初的為大小乘都公認的《阿含經》中，也就是在佛滅後由佛祖弟子及信者根據記憶所寫的佛祖所授教法之記錄中，就可以找到唯識學的先驅思想和基本觀念，它們與"緣起"的思想密切相關。[①] 關於唯識思想的更為具體的表露，則可以在以後的《解深密經》等大乘唯識系經典中讀到。例如在《解深密經》中記錄有這樣一段問答："世尊，若彼所行影像即與此心無有異者，云何此心還見此心。善男子，此中無有少法能見少法。然即此心如是生時，即有如是影像顯現。"此後，世尊還更清楚地說，"善男子，我說識所緣，唯識所現故。"[②]又如，在《華嚴經》中也可以讀到下列世尊言錄："三界所有，唯

---

① 印順法師對此有深入淺出的論證。他的結論是："'由心所造''隨心所變'的唯識思想，是啟發於原始佛教的緣起論，極為明白。"他甚至認為，唯識思想就是"緣起論的一種說明"。（參見印順：《唯識學探源》，臺北：正聞出版社，1992年，第36、38頁）

② 卷第三·分別瑜伽品第六。也譯作"諸識所緣，唯識所變"。

是一心。如來於此，分別演説十二有支，皆依一心。"①再如，在《楞嚴經》中世尊還説："諸法所生，唯心所現。一切因果世界微塵，因心成體。"②因而唯識學的基本思想，可以在佛祖的言説中找到最終的依據。正因為此，在唯識理論的奠基之作、世親的《唯識二十論》中開首第一句便強調，唯識學是從教典中發展而來："安立大乘三界唯識，以契經説三界唯心。"

此後，在佛滅一百年後分化出來的部派佛教（後來被稱為"小乘"佛教）中，唯識的思想也受到關注和討論，並對後來的唯識學發展起著一定的影響。③但是，唯識學真正成為一門學説，還是從印度的大乘佛教開始。這裡的"大乘"（mahā-yāna），是相對於"小乘"而言。"乘"者，"運載"之義；意思是指佛教是一種能夠將人運載到覺悟之彼岸的教説。"小乘"（hīna-yāna），也被稱作"二乘"，即"聲聞乘"和"緣覺乘"。"大乘"則被稱作"菩薩乘"。"小乘"的名號，原來是大乘佛教對原始佛教和部派佛教的貶稱，指小乘是狹小的運載工具。但現在教界和學界使用這個名稱並不帶有褒貶的含義。

---

① 卷第三十七·十地品第二十六之四。第一句也譯作"三界虛妄，但是一心作"。此外，經中所説的"十二支"，與前面所説佛教核心思想"緣起"有關，是指"十二種緣起"，即"十二因緣"。它們分別為：無明、行、識、名色、六處、觸、受、愛、取、有、生、老死。

② 卷第一。

③ 例如呂澂曾指出，小乘佛教的經部學説對大乘學説的兩個主要影響之一就是經部關於"心的自證"的理論。後來陳那將這個理論導入瑜伽系統之內，成為大乘唯識學的理論組成部分（參見《呂澂佛學論著選集》卷四，第2151頁）。再如印順所證小乘犢子部關於"有我"的主張對以後大乘唯識學本識思想的影響（參見印順：《唯識學探源》，第200頁）。

　　大乘佛教在初始時之所以將原始佛教和部派佛教稱作"小乘"，主要是因為小乘佛教的教義基本上以自求解脫為目標，或者通過獨自悟道的修行而達到緣覺（即獨自覺），或者是通過聽聞佛陀的聲教而證悟，達到聲聞覺（即弟子覺）。與此二乘（也叫獨覺乘、聲聞乘）相對，大乘佛教主張菩薩覺，因此也自稱"菩薩乘"。它的教義認為涅槃有積極之意義，不僅是自利（解脫自己），而且還可以利他（解脫他人）。因此，它是兩面兼顧的菩薩道。它主張覺悟者不僅要自覺，而且在自覺後還要以救世利他為宗旨，將眾生從煩惱的此岸載渡至覺悟的彼岸。

　　除了這個基本的宗旨差異以外，大、小乘佛教的不同還表現為：小乘把釋迦牟尼視為教主，大乘則提倡三世十方有無數佛；小乘只是否定人我的實在性，大乘則進一步否定法我的實在性；如此等等，不一而足。

　　就唯識學方面的最大差異而論，大乘的唯識學理論，是本體論和認識論意義上的唯識學，而小乘佛教中的唯識學思想，還只是認識論意義上的唯識學。[①]

　　大乘佛教最初形成於西元二、三世紀間，最主要的創始人是印度的龍樹。他一生著書甚多，有"千部論主"之稱。他的最主要著作是《中論》，大乘佛教的基本思想在其中都得到了一定的論述。以後他的弟子提婆繼續他的思想路線，著有《百論》等著作，宣揚大乘佛教的基本教義。

　　當然，在大乘佛學本身中後來也產生出不同的觀點和派別。在

---

　　① 正如印順所説，"部派佛教裡，沒有本體論上的唯識學，認識上的唯識無境，卻已相當的完成了。"（印順：《唯識學探源》，第200頁）

龍樹之後約二三百年出生的無著和世親，是大乘佛教史上新的重要代表人物。他們著書立說，自成體系和風格。在他們之後，大乘學說內部發生分裂，形成兩派：中觀派和瑜伽行派。前者也被稱作"空宗"，後者則被稱為"有宗"。瑜伽行派沿無著、世親的思想線索展開。中觀派則主張仍然以龍樹、提婆等前人的學說為典據。

唯識學的完整理論體系，便是沿瑜伽行派的學說而延伸的一個脈絡。它在無著和世親等人那裡獲得了最主要的建構和充實，在理論上尤其以世親的《唯識三十論》為基礎。在無著和世親之後，它又得到護法、安慧、難陀、智月等十大論師的補充和發展，以及陳那、戒賢等人的加工與傳播。這門學說謹嚴而縝密、細緻而深邃、博大而周全。後人將它看作是印度大乘佛教高度成熟的標誌。在佛教學說中，唯識論的地位相當於認識論或知識論在西方哲學中的地位，也就是說，它是最具有理論色彩的學說。

此外，由於在唯識學的大量典籍文獻中包含了對大小乘佛教中的絕大部分重要名相概念的說明和論述，因而唯識學也被看作是佛教入門的基礎學。

將唯識學傳到中國的主要是菩提流支、真諦和玄奘。其中尤其是玄奘和他的弟子窺基，不僅在中國將唯識學廣泛傳播和發揚光大，而且還建立起了中國的唯識宗（也稱慈恩宗）。甚至有人認為，他們在唯識學方面的功績已經超出了他們的印度前賢。[①]

---

① 例如參見楊白衣：《唯識要義》，臺北：文津出版社，1995年，第3頁："唯識思想在印度，雖以瑜伽宗的名下盛傳，並已初具綱格，但能把它完成為一學派，而堪與其他宗匹敵的功勞者，即為我國的慈恩大師窺基。"

　　然而唯識學在中國的傳播與接續並不順暢，始終缺乏一個貫通的傳遞。我們甚至很難撰寫一部真正意義上的中國唯識學史，一如我們無法提供一部嚴格意義上的中國認識論史或知識學史一樣。即使有人能夠撰寫出一部中國的"唯識學史"，它也將會是一部由漫長的沉睡和短暫的蘇醒所組成的一門學說的歷史。一般的看法認為，這是由於唯識學的理論和教義"流於瑣細"、唯識宗的修習方式過於漫長、複雜，因此不易於為一般百姓和佛教信徒所理解和掌握。但追究下去，這種情況產生的根源最終還在於中國文化傳統思維方式與以唯識學為代表的思維方式之間的差異和衝突。陳寅恪便認為，玄奘唯識學與中國的思想文化在"性質與環境"方面"互相方圓鑿枘"，因此"終不能復振"。[①]

　　自唐初玄奘和窺基連同門下弟子以唯識為宗義創建法相（慈恩）一宗，從而使唯識學說在中國成為當時的顯學以來，直至明末的八百多年時間裡，唯識學幾乎被教界和學界完全遺忘。唯識學幾乎可以說到了"三傳而寂"的地步，因為在三傳弟子智周之後，唯識學的傳承便基本上無從考據了。[②]按照聖嚴的說法，唯識學在中國，唐玄宗開元以後，即成絕響。到明末為止約八百年間，除了唐代的《華嚴經疏鈔》及《宗鏡錄》二書以及元代的《唯識開蒙問答》中可見到唯識大意之外，別無著作。[③]雖然呂澂的看法有所不同，他認為唯識學在宋朝並未失傳，"五代和宋代……還

---

① 參見陳寅恪：《陳寅恪史學論文選集》，上海：上海古籍出版社，1992年，第511頁。

② 參見呂澂：《呂澂佛學論著選集》，卷五，第2853頁。

③ 參見聖嚴：《明末的唯識學者及其思想》，載於：《中華佛學學報》，第一期，1987年，第1、4頁。

不斷地有人講唯識、因明”，但他也同時指出，這些唯識的思想“都不能獨立成家，說法也很零碎”^①。

直到明末，唯識學纔經歷了第一次“復興”。從文獻上看，這次“復興”最早是由魯庵普泰的《八識規矩頌補注》開啟的。明末王肯堂在《成唯識論集解》的“序”中說，普泰法師於明武宗正德年間（1506—1521），從一位無名老翁處，以月餘的時間，盡傳其唯識學之後，便為《八識規矩頌》及《百法明門論》作注。正是這兩部以注為書的文字，啟動了明末諸家研究和弘揚唯識學的熱潮。^②

根據聖嚴的統計，“明末一百數十年間，竟有十七位有唯識著作的學者，三十五種計一百零七卷的唯識注解。”^③從研究人員和研究成果的數量上看，明末的唯識思潮研究在規模上已接近於唐代。但值得注意的是，這裡的“復興”一詞，“復”的成分是很少的。^④一般說來，在中國的各大教派中，唯識宗與禪宗在風格上是相距最遠的兩個派別。而明末的唯識家卻幾乎全都出生於禪宗，或具有禪學的文化背景。例如，明末的著名四大禪學高僧雲

---

① 參見呂澂：《呂澂佛學論著選集》，卷五，第 2723 頁。

② 參見王肯堂：《成唯識論集解》，載於《新纂大藏・卍・續藏經》，第五十卷，No.821，第 658 頁：“余聞紫伯大師言，相宗絕傳久矣。魯庵泰法師，行腳避雨，止人家簷下，聞其內說法聲，聽之則相宗也，亟入見，乃一翁為一嫗說。師遂拜請教，因留月餘，盡傳其學而去。疑此翁嫗非凡人，蓋聖賢應化而現者。”

③ 參見聖嚴：《明末的唯識學者及其思想》，載於：同前書，第 1 頁。

④ 這和西方近代開端上的“文藝復興”（Renaissance）有些相似，“文藝復興”中“復”（Re-）的成分也很少。對古代思想的“復”，常常被用作一種新思想、新運動的支撐，宣導者並非真的願意完全回返到古代。

棲袾宏（1535—1615）、紫柏真可（1543—1603）、憨山德清
（1546—1623）和蕅益智旭（1599—1655）中，都對唯識學有所研
究，而且他們之中至少有三位從事過對《八識規矩頌》的闡釋並
有文字傳世。

　　但是，唐代唯識學運動的最重要研究著作在此期間大都失
傳，例如唐代窺基的《成唯識論述記》和《成唯識論掌中樞要》、
慧沼的《成唯識論了義燈》、智周的《成唯識論演秘》等等，在明
末都已無法見到。其原因一部分可能在於，如前所述，唯識學的
謹嚴教理、微細分析和繁多名相，使得它難以長期成為佛徒大眾的
修習對象；但除此內在原因以外，也還有外在的原因：由於唐武
宗會昌年中所發生的廢佛事件，即佛教史上的"會昌法難"，佛教
的經籍因武宗的嚴旨而遭到大規模的毀滅①，唯識學的許多典籍
散佚殆盡，從而導致師承的中斷。因此，明末的唯識學家基本上
是從留存下來的一些有限唯識學資料來盡力接續業已斷裂的文獻
研究線索，"他們雖未見到唐代的述記及三疏，卻從清涼澄觀（《華
嚴經疏鈔》）及永明延壽（《宗鏡錄》）的二書中，探索出研究的
脈絡。"②

　　當時唯識學風氣的形成的原因，如聖嚴所言："可能與禪宗的
式微及其自覺有關，自唐宋以下的禪宗，多以不立文字，輕忽義
學為風尚，以致形成沒有指標也沒有規式的盲修瞎煉，甚至徒逞
口舌之能，模擬祖師的作略，自心一團漆黑，卻偽造公案、呵佛罵

---

①　參見湯用彤：《隋唐佛教史稿》，載於：《湯用彤全集》卷二，石家莊：
河北人民出版社，2000 年，第 54 頁。

②　參見聖嚴：《明末的唯識學者及其思想》，載於：同前書，第 1 頁。當
然還包括當時發現的《八識規矩頌》，對此後面還會詳細論述。

祖。所以有心振興法運的大師們，揭出了'禪教一致'主張。"①
當時的唯識學重要宣導者王肯堂便在其《成唯識論集解》中批評
說，"宋南渡後，禪宗極盛，空談者多，實踐者少，排揾義學，輕
蔑相宗"，並感歎"今談道者滿天下而見道者絕無一人"。為此他
竭力宣導唯識學，認為"學道者不明唯識之旨，則雖聰明辯才籠
蓋一世，而終不免為籠侗真如，顢頇佛性。"②因此，明末的第一
次唯識學復興，可以看作是一種對極具中國文化特色的禪宗學派
和學風的反動。③

　　但明末的這個"復興"仍然是短暫的。唯識學派在清初、甚至
還沒有等清人入關，便又復歸凋零。直到清末民初，唯識學纔大
體擺脫沉寂和被遺忘狀態，經歷了一場第二次的復興。這一次的
唯識學復興，與明末復興的一個相似之處在於，它也是與文獻的
重新獲得有關。起因是楊仁山在清朝末年（1866）創立金陵刻經
處，借助日本佛學家南條文雄之力，自日本陸續請回在國內業已
散佚的佛教經籍，"千有餘冊，上自梁隋，以至唐宋"，其中不乏
唯識論疏。楊仁山組織刻版重印，加以提倡，並值此"千載一時"之

---

① 聖嚴：《明末的唯識學者及其思想》，載於：同前書，第 4 頁。

② 王肯堂：《成唯識論證義》，載於《新纂大藏·卍·續藏經》第五十
卷，No.822，第 829 頁。

③ 對此也可參見吳立民、徐蓀銘：《船山佛道思想研究》，長沙：湖南
出版社，1992 年，第 29 頁，"明後期政治腐敗，學術空疏，滿街都是聖人，到
處散佈野狐。不但佛學引上歧途，禪學已極混亂；即理學也走至末路，心學
更瀕絕境。針對狂禪、心學之流弊，佛教興起一股重新研究法相唯識之風，不
少高僧大德參與研討，僅《八識規矩頌》之注釋、論著，就有普泰《補注》
二卷、明昱《證義》一卷……（下列十種，從略）。"

際，極力弘揚唯識學。[①]此後其影響日益廣泛，不僅教界很多大德都曾致力於唯識研究，學界也紛紛從哲學的角度進行探討。

這個第二次的唯識學復興，更多意味著一種以本己化了的文化來應對陌生文化的做法。在此意向中，唯識學被當作"最堪以回應西方文化挑戰的法寶、最為當機的法門"來抵禦當時西方文化的滲透。這種應對之所以能夠興盛，能夠成為一種運動，成為"不僅是整個中國佛教復興運動中最引人注目的事件，也是整個中國近現代思想史、文化史上的一件不容忽視的大事"[②]，在很大程度上是由於作為本己文化的唯識學已被公認為具有與近代西學多層次的共性：不僅僅是在意識結構的內向分析的內容層面，而且在義理的推演、名相的分析、文本的證義等方法論層面。[③]在這個意義上，唯識學在中國的發展"歷史"，恰恰體現著一種外來思想由異己轉變為本己，又作為本己去應對和接納新的異己的過程，體現著交互文化理解的一個典型實例。果如此，那麼無論唯識學的

---

① 參見楊仁山：《楊仁山全集》，合肥：黃山書社，2000 年，第 499 頁。但值得注意的是，如聖嚴所說，"近代研究唯識的學者們，甚少注意到明末的唯識著作，甚至根本是故意忽略了他們努力的成果。唯一例外是太虛大師。"（參見聖嚴：《明末的唯識學者及其思想》，載於：同前書，第 17 頁）在這個意義上，第二次的"唯識學復興"主要是向唐代唯識學傳統的回溯，而沒有顧及到明末的唯識學研究脈絡，沒有建立起直接的師承關係。

② 參閱佛日：《法相唯識學復興的回顧》，載於：《法音》，第五期，1997 年，第 10 頁。

③ 唯識學的這個理論哲學的方法特徵和運作風格早已被一些明眼的學者觀察到，例如呂澂便指出，唯識學"始終為中國佛學的理論基礎，凡是解釋名相，分析事象，都不能不取材於慈恩"（《呂澂佛學論著選集》，卷五，第2852 頁）。

理論與實踐至此為止在中國思想史上是如何短暫而不連貫，它在中外文化的交流融合中都始終扮演著並且還會繼續扮演一個極為重要的角色。

在這一節的最後，只還須要留意一個時間上的巧合：與唯識學在明末和民初的兩次復興相同步的是在歐洲發生的兩次劃時代的哲學革命。最近一次的時間上巧合在於：二十世紀在中國完成的唯識學復興與歐洲的現象學運動是同步進行的。它們之間的相似性已經在本文第一節"什麼是唯識學"中得到大致的說明。另一次時間上的巧合則在於：明末的唯識學復興與開歐洲近代史之先河的各種形式的復興運動（Renaissance），幾乎是平行發生的。明末的重要唯識思想家如德清（1546—1623）、智旭（1599—1655）和王夫之（1619—1692）等人，是歐洲的笛卡爾（1596—1650）、斯賓諾莎（1632—1677）等的同時代人。雖然在他們各自的思想和著述中有許多相同的特徵和相通的路徑，但擺在我們面前的歷史事實是：在中國最終也沒有產生出由笛卡爾等人所引發的那種劃時代的思想變革，這種變革是在歐洲歷史上使近代成為近代的東西，也是使西方主體性哲學在認識論和方法論上得以可能的東西。[①]——這裡面雖然隱含著許多值得進一步研究和討論的問題，但由於它們已經超出了本文的論述範圍，因此只能被擱置起來。

---

① 筆者曾將這種劃時代的特徵定義為："求自識""究虛理"。但無論是這種特徵定義，還是正文中的相關事實確定，都不帶有價值評判的色彩。詳細的論述可以參閱筆者的專著：《自識與反思——近現代西方哲學的基本問題》，北京：商務印書館，2002年，第1—12頁。

三、《八識規矩頌》的作者玄奘

《八識規矩頌》一般被看作是唐代的三藏大師玄奘所做。玄奘，俗姓陳，本名褘，生於西元 600 年，卒於西元 664 年（卒年按《大慈恩寺三藏法師傳》，但尚存疑義）。河南洛州緱氏縣（今河南省偃師縣南境）人。其曾祖、祖父為官。父親陳惠則為儒學學者。玄奘年少便因家境困難而住在洛陽淨土寺，學習佛經。二十八歲便熟悉當時流行的各家學說，貫通佛教大小乘的教義，在許多地方講授佛教諸部理論，享有很高的聲譽。但他仍然存有困惑，主要是因為當時流行的《攝論》《地論》兩家有關法相之說不能統一，因此便起了出國去印度求法的念頭，希望能夠獲得會通三乘學說的《瑜伽師地論》。

西元 629 年，玄奘終於得以啟程西行取經。[①]在西域的求學過程中，玄奘歷經千辛萬苦，參訪各地名師，融通各家諸學。最後又在印度那爛陀寺從瑜伽論師戒賢受學五年，將《瑜伽師地論》以及十支論的奧義接承下來。至此，他不僅得到了印度佛教的真傳，而且他自己的成就也已經遠遠超過了當時印度的一般學者的水準。十多年後，玄奘攜帶幾百部梵本佛經和各種佛像起程東

---

① 明代的吳承恩，將這段經歷編入小說《西遊記》，使玄奘以"唐僧"的形象通過小說而家喻戶曉。梁啟超曾抱怨說："玄奘是中國第一流學者，決不居第二流以下；但是幾千年來沒有幾個人知道他的偉大，最知道的只有做《聖教序》的唐太宗，其次卻輪到做《西遊記》的人，說起來可氣又可笑。士大夫不知玄奘，孺子婦人倒知道有唐三藏！"（梁啟超:《中國歷史研究法》，上海：上海古籍出版社，2000 年，第 254 頁）

歸，於西元 645 年正月到達長安，從此以翻譯經論、傳播新知為己任。在唐太宗的支援下，玄奘建立了規模完備的譯場，大規模地翻譯印度佛教經典。由於玄奘本人有精深的梵文造詣和通達的佛學知識，並且直接主持翻譯和審校，因此譯文嚴格精細，概念準確到位，同時克服了前人翻譯的謬誤。在選題上，玄奘也倚仗其博大的知識背景，將印度當時所傳承的佛學精華基本上傳介進來。因此後人將此期間譯出的佛典稱作"新譯"，而將此前的譯作稱作"舊譯"。

玄奘在回國後全身心致力於譯經，自己著述甚少，流傳下來的更是寥寥。他在天竺時雖然撰有梵文著作《會宗論》《制惡見論》和《三身論》，但這些書一直未譯成漢文，而原有的梵文本現在也已經失傳。晚年他在弟子窺基的協助下，以護法的注釋為主，融合印度十大論師之說，綜合編纂成完備的《成唯識論》一書。這部書不僅被後人視作唯識宗的百科辭典，而且事實上也成為中國唯識學研究的理論體系。

在玄奘一生的事業中還需要提到的是：他籌畫建立了大慈恩寺，開創並領導了中國的法相唯識宗，培養了窺基、圓測等一批唯識學的重要學者，並使唯識學遠傳到日本、朝鮮等地。對此呂澂曾有評價："公正地說，印度的佛學從漢末傳來中國，直到唐初的幾百年間，種種能夠傳譯印度學說的本來面目的，還要算玄奘這一家。"[1]

除此之外，根據自己的不畏艱險的旅行經歷以及對當時印度社會的細緻觀察，玄奘還撰寫了《大唐西域記》。書中詳細介紹

---

[1]《呂澂佛學論著選集》，卷五，第 2721 頁。

了古代西域各個地區和國家的政治經濟、宗教文化、交通地理、語言風俗。這些材料，至今仍然是研究古印度歷史不可或缺的文獻。

綜上所述，無論是在中國文化的交通史上，還是在佛教理論的發展史上，玄奘都是一個劃時代的人物。

四、關於《八識規矩頌》之真偽的爭議

于淩波居士在他所作的《八識規矩頌講記》中說：“《八識規矩頌》，是奘師譯得上千卷唯識經後，於八識作一提綱挈領之作。奘師一生譯而不作，他除了一部《大唐西域記》流傳下來外，在天竺所寫的《會宗論》《制惡見論》《三身論》，可惜都未譯成漢文，梵文本已失傳，而今流傳下來的，就只有這《八識規矩頌》十二首頌文了。”明末以來的各大家都不懷疑它是玄奘的原作。因此，他們的《八識規矩頌》注疏在《四庫全書》《大正藏》《卍續藏》中均有收錄。

只是在民初以來，懷疑的主張開始出現，此後漸成風氣，在論及玄奘和《八識規矩頌》時每每把《八識規矩頌》視為托偽之作。例如遊俠在《玄奘》一文中認為，“至後人所傳的《八識規矩頌》，文義都有可疑之處，並非他的手筆”。[①] 周叔迦甚至認為這是“晚唐時淺學末識之流所做”。[②] 劉保金在《中國佛典通論》

---

① 遊俠：《玄奘》，載於：《中國佛教》，第二卷，上海：知識出版社，1991年，第 126 頁。

② 周叔迦：《釋典叢錄》，載於：《周叔迦佛學論著集》上卷，北京：中華書局，1991 年，第 1057—1058 頁。

中也提到，"今人研究，因本書文義可疑，並非玄奘手筆"。[①]

　　但令人感到奇怪的是，從筆者所收集的有關資料來看，提到和認可懷疑主張的人很多，而論證和論述懷疑主張的則極少。歸納起來，這些懷疑大都立足於以下兩個方面的根據：

　　其一，《八識規矩頌》文義皆有瑕疵，因此判定該書並非出自玄奘的手筆。這個主張主要是由呂澂提出的。他認為"後人所傳的《八識規矩頌》，文義都有瑕疵，一望而知不是奘師的手筆"。他在隨後的注釋中還簡短地說明："這像將'非量'和'現量''比量'並稱為'三量'，又稱難陀論師為'愚者'等，奘師學有淵源，不應草率至此。"[②]

　　其二，《八識規矩頌》在唐代的文獻中並沒有出現，因此判定是後人的托偽之作。這主要是周叔迦的觀點。他認為："八識規矩頌一卷（北京刻經處本）：唐人著述及《宗鏡錄》中皆未曾引及，惟元雲峰之《唯識開蒙》卷上'八具心所'節中引用之。其後明普泰為之《補注》，憨山為之《通說》，明昱之《相宗八要直解》，智旭之《相宗八要解》，皆有之。憨山《通說》云：'但窺基舊解，以論釋之，學者難明。'然今窺基舊解已不可得。且其所指，當時實別有窺基解耶？抑誤以普泰增注為窺基解耶？普泰序中明言為注

---

　　① 劉保金：《中國佛典通論》，石家莊：河北教育出版社，1997年，第373頁。

　　② 呂澂：《玄奘法師略傳》，載於：《玄奘大師研究（上）》，臺北：大乘文化出版社，1977年，第6、9頁；原載於：《現代佛學》，1956年，第3期。需要指出的是，呂澂在這裡提出的觀點以及批評的口吻，都有草率和武斷的特徵，缺乏學術上的嚴肅性，並導致後人的以訛傳訛，在此評論上有失佛學大師的風範。

之人，不書其名，則非窺基可知。今疑頌與舊解實出於一人之手，為晚唐時淺學末識之流所做，傳及後代，失其人名，遂歸之奘公耳。"[①]

　　這些懷疑，總地說來是不充分的，因此一直沒有得到普遍的支持。因為就第一點而言，呂澂所說的"文義之瑕疵"，並不是《八識規矩頌》本身的內容弊病，而是在對它的各種解說中所含的可能弊病。在《八識規矩頌》中既沒有說明"三量"是什麼，[②]也沒有說明"愚者"是何人。[③]呂澂的批評，可能基於對當時的《八

───────────────

　　①《周叔迦佛學論著集》上卷，第1057—1058頁。周叔迦的這段評論與呂澂的相似，在論述方式與風格上存有相同的問題或訛病。

　　② 關於"三量"這個概念本身，在《成唯識論》中既提到"能量、所量、量果"，也提到"現量、比量、非量"。因此，對"三量"做這樣兩種解釋都應當是符合玄奘原意的。

　　呂澂自己沒有展開對這個論點的陳述。但從他對陳那的"二量"之劃分的評說中或許可以瞭解他的大致思路和基本想法："陳那以前，外學（如正理派）和古因明師都談量，不過種類很多，除現比二量外，還有譬喻量、聲量、義准量、無體量。……陳那把這些量加以簡化，只留現、比二量。為什麼要這樣做？這是由所量（認識對象）決定的。有幾種認識對象就有幾種量。對象不外兩種：自相境與共相境。不論什麼時間，也不論什麼地方，只要是親切經驗到的就是自相，與概念聯繫的則是共相。既然所量有二，能量也應有二。認識自相的量是現量；認識共相的量是比量。聲量、喻量、義准量、無體量都可以歸入比量。陳那把這些量歸為二，不僅名目不同，內容也不同了。"（《呂澂佛學論著選集》，卷三，第1575—1576頁）在這個意義上，陳那主張"現量"和"比量"的二量劃分，而非三量劃分。

　　呂澂可能據此而認為：由於玄奘在量論基本上遵循陳那的路線，因此玄奘不會認同"現量、比量、非量"的三量劃分。

　　③ 關於"愚者"，在《成唯識論》中常常出現"愚者""愚夫"的概念，大都是指不明佛法的人，也作"愚夫"。按《丁福保佛學大字典》的說法，"愚

識規矩頌》的流行解説。現在看來，如果將它用於《八識規矩頌》本身，是不足為取的。

實際上，《八識規矩頌》是否出自玄奘之手，説到底並不是一個至關重要的問題。在留傳下來的釋尊言錄經書中，也有許多如今已經難以確定，哪些是真正源自他本人的説教。關於阿含經與大乘經的爭論幾乎貫穿在佛教歷史的始終。[①] 這類真偽問題的爭論，在思想史上不計其數，在佛教史上也不勝枚舉，例如近代有關《大乘起信論》之真偽的爭論。[②] 這更多的是一個解釋學的問題，甚至是一個比解釋學更古老的問題，亦即與釋經學有關的問題。

但問題的關鍵在於：《八識規矩頌》是不是一部值得我們討論和研究的著述。而對此問題，目前的教界和學界大都持肯定的態度。

夫"是對梵文 "bāla" 的翻譯，"言愚癡之凡夫也。新譯《仁王經》中曰：'愚夫垢識，染著虛妄。'《唯識樞要》上本曰：'梵云婆羅，此云愚夫，本錯云縛羅，乃言毛道。'"

① 這與古希臘時期的柏拉圖和亞里斯多德的著作情況相似：在今天被認作真正是柏拉圖的三十六篇對話中，只有五篇是從未受到懷疑的。而亞里斯多德的著作因篇幅巨大，流失較多，因此流傳至今的就相對可靠一些，但也還有三分之一被視為托偽之作。

② 王恩洋曾與呂澂一同積極參與了《大乘起性論》之真偽問題的爭論，並且非毀其為 "梁陳小兒所作，鏟絕慧命"，因此而受到印順的批評（參見印順：《大乘起性論講記》，臺北：正聞出版社，1992 年，第 4 頁）。但對《八識規矩頌》，王恩洋並不懷疑它的真偽，相反還為之專門著有《八識規矩頌釋論》（載於《王恩洋先生論著集》卷二，成都：四川人民出版社，2001 年）。

這一方面是因為，就其本身的價值而言，《八識規矩頌》的内涵極為豐富，普泰説它“文略而義深，乃集施頌體制兼以韻。故知義彼而文從此，擴充之則唯識理事無遺矣”。[①] 演培則更是“敢以斷言”：“奘公所造的這個八識頌，其價值並不讓於世親的《三十頌》。”[②] 也正因為此，在世界各地的佛教界，《八識規矩頌》今天仍然是最重要的佛教唯識學的入門教材之一。

另一方面的原因則在於，就其歷史影響來看，《八識規矩頌》已經有了自己的效果史、作用史，在中國唯識學的歷史發展中有了自己特定的位置。它甚至可以被看作是明末唯識學思潮的引發者和開啟者。因為，最初推動明末諸家研究與宏揚唯識學之思潮的是普泰法師以及他為《八識規矩頌》和《百法明門論》所做的注解。明末的大師，幾乎全都做過《八識規矩頌》的注解。[③]

除此之外，從民初以後的唯識學家，包括新唯識學家熊十力，到當代的重要佛學家如南懷瑾、聖嚴等人，都在自己的著述中引用過《八識規矩頌》。而守培、王恩洋、演培、太虛、龔自珍等都研讀、講解、評述過《八識規矩頌》。熊十力、歐陽竟無、印順等人都研究和引用過《八識規矩頌》。

---

① 《新纂大藏·卍·續藏經》，第五十五卷，第 387 頁。

② 演培：《唯識二十頌講記·八識規矩頌講記》，臺北：天華出版公司，1986 年，第 122 頁。

③ 聖嚴説：“法相唯識學所依的典籍，雖有六部經典及十一部論典，然在中國唯識學的本身，所重視者則為《成唯識論》《三十唯識頌》《二十唯識頌》《百法明門論》《觀所緣緣論》《八識規矩頌》《因明入正理論》。明末諸師，便沿襲著這樣的路線而寫作。”（聖嚴：《明末的唯識學者及其思想》，載於：同前書，第 22 頁）

五、關於《八識規矩頌》今釋的説明

　　《八識規矩頌》的格式相當嚴謹：全文共四十八句，每四句為一頌，共十二頌；每三頌為一組，共四組。這四組分別頌：前五識、第六識、第七識、第八識。每組由三頌組成，每頌各自的立意也明確彰顯，沒有混雜：第一頌、第二頌都是描述心識的類型、結構、對象，第三頌則都用來描述轉識成智的修習過程。

　　由於《八識規矩頌》言辭極為簡略，但又不失唯識學之要義，因此可供修行者作方便法門之用。普泰甚至説，"擴充之，則唯識理事無遺矣"。

　　明末以來對《八識規矩頌》的注釋，大都立足於普泰的《八識規矩補注》的立意之上。後人的詮釋，基本遵循了普泰的宗旨，當然其中也有改動和刪減。

　　普泰最初的《八識規矩補注》是逐字逐句地進行詮釋和闡發，以後明末的各大師如明昱的《八識規矩補注證義》、正誨的《八識規矩略説》、真可的《八識規矩頌解》、德清的《八識規矩通説》、廣益的《八識規矩纂釋》等等，都是按這個方式來進行解説。當代的許多解釋者也都依此方案進行論述，如演培和聖嚴《八識規矩頌講記》。

　　清末的太虛在做《八識規矩頌講録》時則換了一種方式：把八識規矩頌的句子順序完全打亂，根據自己整理的思路來選擇其中的句子講，但每句都講到，沒有遺漏。

　　而當代于凌波居士的《八識規矩頌講記》，則是用十二講中的前八講來解釋唯識學的基本概念，尤其是在《八識規矩頌》中出現的、涉及的概念,然後纔用最後的四講來解說前五識頌、第六識頌、第七識頌和第八識頌。

這幾種解說的方式都各有自己長處和短處,這裡不做評論。筆者在這裡所做的解釋仍然遵循《八識規矩頌》的原有句序進行,也就是依據普泰原初的講述方式。

儘管從詮釋的一開始,筆者便牢記智旭為他自己所立的注解唯識之準則:"不敢更衍繁文,只圖直明心觀",但隨著詮釋的展開,筆者愈來愈感到,這種"直明心觀"遠遠不只是一個初步的要求,而幾乎是全部關鍵之所在。這尤其體現在對佛教經典的詮釋上。

筆者深感對佛典的詮釋是一項極為複雜和困難的事情。"極為"二字,乃是相對於其他經典(譬如現象學經典)的詮釋而言。這主要是因為,對佛教經典的釋義,毫無例外地既是理論上的探索、辨析與考量,也是實踐中的修習、親證與體悟。換言之,佛典的釋義,既是理證,也是教證。這種雙重的性質,使得解釋者常常不能滿足於對理論靜觀立場的固守,不能滿足於對中立化描述方式的固守。

與此密切相關,在將佛教概念與義理向現代語言的轉渡過程中,筆者也深感到:認知術語的現代改寫相對容易,修行語式的現代改寫相對困難。

因此,這裡的釋義,只是一個初步的、摸索的嘗試。筆者之所以冒昧做此嘗試,乃是因為筆者在多年前便相信,唯識學和現象學之間的互釋和互解,可以為認識和把握心識的結構提供一個方便法門。筆者曾相信並且今天仍然認為:如果我們所要探討的是同一個課題,即意識,那麼現象學的面對實事態度與唯識學的研讀文本要求或許恰恰可以為我們提供兩種不同的切入問題之角度，使我們的兩方面的考察能夠得到互補性的動力。一方面，當唯識學文獻所展示的說法繁雜變換，使人無所適從時——這是唯識論探究者們常處的境地——現象學所宣導的自身思義（Selbstbesinnung）便有可能提供一種具有原創力的直接直觀的審視。另一方面，如果現象學的苦思冥想無法在意識分析的複雜進程中完成突破——這也是對許多現象學研究者來說並不陌生的經歷——那麼唯識學的厚重傳統常常可以起到指點迷津的作用。現象學與唯識學在一定程度上體現著"思"與"學"的兩個基本方向。①

＊　　　　＊　　　　＊

這裡的《八識規矩頌》解說文字初稿完成於 2003 年末。在隨後的 2004 年夏季學期裡，筆者以"唯識學研究"為課題、以《八識規矩頌今釋》為講稿，給廣州中山大學哲學系的碩士、博士研究生開設了佛教唯識學的討論課。授課期間，從參與者的思考中獲益良多。在此特向參與討論的同學表示感謝！

在收集資料與寫作的過程中，曾承蒙金陵刻經處的呂建福、浙江學刊編輯部的任宜敏、南京大學的楊維中、陝西師範大學的吳言生、香港大學佛教研究所的姚治華、中山大學的馮煥珍和龔雋、廣東省民族宗教研究所的夏志前以及其他學友之指點和幫助，特在此致以衷心的謝意！儘管如此，文中仍然難免遺留諸多問題，對此仍應由筆者本人承擔責任。還請同道中人對文中的疏漏之處、

---

① 參見筆者：《現象學運動的基本意義》，載於：《中國社會科學》，2000年，第四期，第 78 頁。

愚妄之言隨時予以批評指正。筆者在此預先致謝！

　　唯識之學，集二十多個世紀法相唯識各代大德高僧的勞作與心血，智海慧山、精微博大、深邃高遠。這裡的嘗試，實乃管中窺豹之嘗試，如能悟得其中真諦之萬一，已是幸事，更不敢初嘗輒止，滿足於淺見薄識。願以此與同道者共勉！

八識規矩頌

唐三藏沙門玄奘奉詔撰

1. 性境現量通三性
2. 眼耳身三二地居
3. 遍行別境善十一
4. 中二大八貪嗔癡
5. 五識同依淨色根
6. 九緣八七好相鄰
7. 合三離二觀塵世
8. 愚者難分識與根
9. 變相觀空唯後得
10. 果中猶自不詮真
11. 圓明初發成無漏
12. 三類分身息苦輪
13. 三性三量通三境
14. 三界輪時易可知
15. 相應心所五十一
16. 善惡臨時別配之
17. 性界受三恒轉易
18. 根隨信等總相連
19. 動身發語獨為最
20. 引滿能招業力牽
21. 發起初心歡喜地
22. 俱生猶自現纏眠
23. 遠行地後純無漏
24. 觀察圓明照大千
25. 帶質有覆通情本
26. 隨緣執我量為非
27. 八大遍行別境慧
28. 貪癡我見慢相隨

29. 恒審思量我相隨　　30. 有情日夜鎮昏迷

31. 四惑八大相應起　　32. 六轉呼為染淨依

33. 極喜初心平等性　　34. 無功用行我恒摧

35. 如來現起他受用　　36. 十地菩薩所被機

37. 性惟無覆五遍行　　38. 界地隨他業力生

39. 二乘不了因迷執　　40. 由此能興論主諍

41. 浩浩三藏不可窮　　42. 淵深七浪境為風

43. 受熏持種根身器　　44. 去後來先作主公

45. 不動地前纔捨藏　　46. 金剛道後異熟空

47. 大圓無垢同時發　　48. 普照十方塵剎中

【題解】

“八識規矩”是偈頌名稱。相傳為唐代的唯識學大師玄奘本人所撰寫，而且被看作是他留傳下來的惟一法相唯識著作。從明末被發現起，它就沒有以單行本的形式出現過，而是始終附在對它所做的注釋書中流傳於世。

《八識規矩頌》是研習法相唯識學的入門文獻。作者旨在精要地解釋唯識學所立的八識理論。它的篇幅短小，但言辭扼要，其中涵攝了唯識學的諸多要義，包含了即便不是全部、也是大部的唯識思想，因此堪稱唯識學之精髓。也正因為它言簡意賅，文略義深，而且每一頌都包含許多唯識學的專有名詞，因而若不加以詳細講解，一般人很難領會其涵義。

“八識”所涉及的是大乘唯識學家對眾生的“識”——即今天我們所說的意識活動——的劃分和稱呼。“識”被分為八類，並被稱作"八識"：第一為眼識、第二為耳識、第三為鼻識、第四為舌識、第五為身識、第六為意識、第七為末那識、第八為阿賴耶識。

"規"和"矩"是測量和校正方圓的工具。《孟子·離婁上》說，"不以規矩，不能成方圓。"引申後的"規矩"，就意味著規則、秩序、禮法等等。所謂"八識規矩"，一種可能的解釋是：八識以及它們之間井然有序的規則。用今天的術語也可以進一步解釋說："八識規矩"是指作為心識本質要素的八種類型的"識"，以及它們之間的相互差異和本質聯繫。另一種可能的解釋是：對八識的闡釋，可以用作治唯識學的準繩。

"頌"是對梵文"gatha"（音譯為"伽陀"）或"kārikā"的意譯。它的廣義是指歌謠、聖歌、讚美詩。但"八識規矩頌"的"頌"是狹義上的"頌"。它指一種具有韻文形式的經文，一般放在佛教之教說的段落中間，或放在佛教經文的末尾，以句子聯結而成，內容不一定與前後文有關。可以說，這個意義上的"頌"是一種文體。唯識學文獻中還有《唯識三十頌》《唯識二十頌》等經典，都是以這種文體寫成。這種文體主要是為了有便於修學者對要義的記誦，並使修學者在領會頌文內涵的情況下儘快地入門。此外，以往印度論師所撰的頌文，都會附以長篇的論述和解釋。但玄奘《八識規矩頌》和世親的《唯識三十頌》是例外。

《八識規矩頌》共有七言四十八句；四句一頌，組成十二頌；三頌一組，立為四組。初三頌為第一組，闡明前五識；次三頌為第二組，闡明第六識；再三頌為第三組，闡明第七識；末三頌為第四組，闡明第八識。

其中，每一組的前兩頌都是對"有漏雜染識"的說明，第三頌是對"無漏清淨識"的說明。這樣，每一頌都不僅在闡明"識"與

“智”的結構、成分，而且同時也在闡明轉識成智的過程。

因此，所謂“闡明”，並不只是對心識所做的認識論意義上的分析和認知，而且同時也指明佛教修道意義上的“轉識成智”之過程。因此，在對前五識、第六識、第七識和第八識的闡發中，都不僅含有對心識的基本因素的確定和把握以及對它們之間關係的描述，而且同時包含著對修行的起始、過程、步驟、結果的交待。整個轉識成智的最終結果就是：將凡夫有漏的八識轉為佛的四智，即轉第八識為“大圓鏡智”，轉第七識為“平等性智”，轉第六識為“妙觀察智”，轉前五識為“成所作智”。

【注釋】

在最初出現的版本中標明，本頌為“唐三藏沙門玄奘奉詔撰”。

唐：指作者所處的朝代是唐代。

三藏：tri-piṭaka，指“經”“律”“論”三類佛教文獻。由於這三類文獻都各自包藏文義，所以稱作“三藏”。具體地説：“經”所藏的是“定學”或“增上心學”（adhicittaśikṣā），亦即關於禪定的習學，攝散澄神、摒除雜念、見性悟道的學説；“律”所藏的是“戒學”或“增上戒學”（adhisīlaśikṣā），也就是關於生活規範之禁戒的學説；“論”所藏的是“慧學”或“增上慧學”（adhiprajñāśikṣā），亦即為獲得聖果而須勤修的學説。“定學”“戒學”“慧學”也被稱作“三學”。通三藏而達三學者，被稱為“三藏”。古代的真諦、玄奘等翻譯師曾享有此稱號。

沙門：śramaṇa，也譯作“沙門那”“娑門”等等，意思是勤勞、勤懇、勤息、修道、貧道。它是出家修道者的總稱，通於內、外二道。

奉詔撰：是說明《八識規矩頌》是奉了當時皇帝的旨意而撰寫的。由於無法確定《八識規矩頌》的實際撰寫年代，因此也無法確定當時究竟是奉了唐太宗李世民（627—649 年在位）的旨意，還是奉了唐高宗（649—683 年在位）的旨意。

《八識規矩頌》新譯

前五識頌（1—12句）

1. 性境現量通三性

【語釋】

就前五識而言，通過直接的外部經驗所獲取的現實知識，是與善、惡以及非善非惡的三種本性相貫通的。即是說，它們可以是善的，也可以是惡的，也可以是非善非惡的。

【章旨】

對八識的論述，是從前五識開始的。從這裡的第一句到第十二句，都是對前五識的闡釋。因此，我們可以像明代的法師虛中廣益一樣，將前十二句稱作"五識頌"。它們共分三組，每組四句。這裡開始的是第一頌。

在這裡所頌的八識中，前五識是指："眼識""耳識""鼻識""舌識""身識"。它們用現在較為通行的語言來說就是"視覺""聽覺""嗅覺""味覺"和"觸覺"，都屬於感官的感覺。這樣的分類在自亞里斯多德以降的西方哲學中也不斷出現：它們相當於 J.洛克所説的"sensation"或 D.休謨所説的"impression"或 E.胡塞爾所説的"Empfindung"。

由於前五識並不能單獨生起，例如具體的顏色視覺總是與對物體的意識一同產生的，因此可以説，前五識並不是獨立的心識活動，不是意識活動（noesis）, 而只是感覺材料（hyle）的類別。唯識學家之所以將它們稱作"識", 乃是因為它們具有了別的功能，即可以它們代表著各種不同的感覺材料的類型。

較之於西方哲學中的心理研究，唯識宗在對心識的劃分上既可以説是更為細緻，也可以説是更為繁瑣。這種劃分不僅涉及意向活動的官能（根）、意向活動本身（識）、意向活動的對象（境）, 而且還涉及意向活動的結果（量）, 意向活動的條件（緣）, 如此等等。

在這一句中雖然沒有出現"五識"的概念，但主要説明的是前五識所屬的境、量，以及它們與三性的關係。前五識屬於三境中的性境，屬於三量中的現量。前五識是感覺，沒有善、惡可言，但可以説，它們與善、惡、無記這三種本性是相通的。

【注釋】

性境：是唯識學所主張的"三境"之一（還可以參見後面對第十二句中"三境"的注釋）。

"境"（viṣaya）是指感覺和思維的所指向、所攀緣的區域，也就是指心識活動所涉及的各類對象；其中不僅包括具體的、感性的對象，而且還可以包括抽象的、觀念的對象。例如，色是眼識所指向的東西，因此被稱作色境；法是意識所指向的東西，因此被稱作法境。我們也可以用現代西方現象學的術語將它稱作"意向相關項"（noema）。它與"內識"相對，因此也被稱作"外境"。"境"基本上是佛學中的"所緣"（ālambana）或"相分"的同義詞，只是"境"更多是被用來指稱外部的、空間的對象；而"所緣"和"相分"則泛指所有內部和外部的對象。對此還可以參見對後面第二十六句的說明和解釋。

關於"三境"的區分在佛典中沒有記載，因此後人推測是由玄奘大師直接繼承當時印度所學，或者是自己的觀點。"三境"，也叫做"三類境"。它們分別是指：

一、"性境"，它意味著一切實境，也就是一切能夠引起眼、耳、鼻、舌、身、意的感覺作用的對象。因此性境中包含著色境、聲境、香境、味境、觸境、法境這六境。它們會污染人心，故又稱為"六塵"。"性"在這裡是指"實"的意思，即真實不虛。就是說，性境所涉及的，無不與意識活動的實在性質有關，它完全建基於感覺材料（即現代的現象學家所說的"impressional"材料）的基礎上，如桌子的硬度、水的濕度和溫度等等，這些感覺材料不會因為意識活動的變化而改動。

其餘的二境為：

二、"獨影境"，它只是一種虛境，因為它完全是由內心單獨現起的想像或幻覺所造成，缺乏感覺材料的依據，僅僅建立在想像材料（即現象學中所說的"imaginär"材料）的基礎上。例如關於龍的想像：雖然它作為對象出現在我們的意識中，但始終也只是一種影像。夢、幻覺、臆想的內容等等都屬於獨影境。

三、"帶質境"則是一種在一定程度上依仗了實境、再借助內心的想像和虛幻作用而產生的境界。它可以是正確的，例如把在鏡子中見到的影像當作實在的事物的反映；也可以是錯誤的，例如把地上的繩子當作蛇，如此等等。通常所說的直覺、錯覺、自我感覺的內容等等，都可以看作是帶質境的內容的一種。

現量：pratyakṣa-pramāṇa，是唯識學所區分的"三量"之一（還可以參見後面對第十三句中"三量"的注釋）。"量"（pramāṇa）在這裡是指尺度，它與知識來源、知識形式、知識真偽的標準有關，也就可以將它簡稱為"知識"。自古以來，印度各家哲學宗派便盛行探討知識來源、形式和真偽的學問，由此而產生各種"量論"的學說，也就是如今所說的"知識論"。其中最普遍的就是"三量"（參見後面對第十二句的注解）。但是，關於"三量"的內容與名稱，各家宗派的理解又都不盡相同。例如，在唯識學這裡，"三量"可以是指：一、所量，二、能量、三、量果。

然而這裡所說的"三量"，是唯識學家所主張的另一種"三量"。它們分別是指：

一、"現量"，也稱為"真現量"。就是現實的認知活動或認知能力，或者說，通過感官進行的認識活動和認識能力。現量不僅包含由前五識所獲得的五境的知識，還包括第六識的意識與前五識共緣的五境者（五同緣意識），與五識同時起者（五俱意識），按後來的唯識學者的發揮還包含在定中的意識與第八識的緣諸境。總而言之，這一類知識是通過五官能力而從外界現象方面直接覺知的知識，是感知的知識、直接的知識。它構成知識的最原初的和最基本的來源。這個觀點和主張在現代西方現象學的代表人物胡塞爾和梅洛－龐蒂（M.Merleau-Ponty）的哲學中也再次得到強調，他們都把感知（perception）看作是認知活動的第一性基礎。

其餘的二量為：

二、"比量"（anumāna-pramāṇa），也稱為"真比量"。它是從已知的外境來進行比附，從而能正確推知尚未現前的、未知的外境。通過回憶、想像、聯想來進行的認知活動或認知能力，包含通過語言符號、推理、運算等等來進行的認知活動，都可以說是"比量"。在這個意義上，"比量"屬於間接的認知活動。但如窺基在《成唯識論述記》中所言，三種知識中，實際上是"比量最寬"，也就是說，大多數的認知活動，都屬於間接的認知活動。

三、"非量"，即與"真現量"和"真比量"相對的"似現量""似比量"之總稱。它意味著無法得到通常意義上的認知結果的認知活動或認知能力。例如在夢中意識中進行的認知活動，一般被稱作"非量"。今天我們稱之為"形上學"的思考，也可以被納入到"非量"的範疇，因為它們不屬於嚴格意義上的認知活動，因而是"非認知活動"。

此外，被認定為錯誤的知識，也屬於"非量"。在這個意義上，"似現量"就是錯誤的知覺，即錯覺。"似比量"就是錯誤的推理。

三性：語義是指三種本性。這裡的"性"有不變之義，與"相""修"相對，相當於性質、本性、自體等等。可以說，"性"是指不會因外界的影響而改變的本質。

唯識學所說的"三性"，主要是指諸法的三種存在形態或層次上的三性，又稱"三自性"（tri-svabhāva）。它們是印度唯識學派的重要主張，也代表著法相唯識宗的根本教義。它意味著：一切存在之本性與狀態（性相），可以從它們的有無或假實的立場、從它們的可識性角度分成三種，稱為"三性"。它們分別是指：一、遍計所執性，二、依他起性，三、圓成實性。由於這裡的"三性"並不涉及這個意義上的三種本性，因此姑且置而不論。

在這一句裡所涉及的是另一類"三性"，即與佛教倫理道德的標準有關的三性。它們分別是指：

一"善性"：對於現世、來世和自己、他人是順應的和有益的，便是善性。《成唯識論》說，"順益此世、他世為善"。

二"惡性"：對於現世、來世和自己、他人是違背的和有損的，便是惡性。《成唯識論》說，"違損此世、他世為惡"。

三"無記"，或者更確切地說，"中性"：由於它非善非不善，不能記為善，不能記為惡，也不能預測它的後果是順應與有益，還是違背與有損，所以被稱作"無記"。它與古希臘斯多噶學派所提出的"道德中值"（Adiaphora）概念相似，也與現代價值論中所說的"價值中性"概念相似，它們被用來標識所有在倫理學上既非善也非惡的價值。此外還需要注意的是："無記"雖然不可記作"善""惡"，卻仍然可以分為兩種：有覆無記和無覆無記。前者指可以遮蓋聖道的無記，後者是不遮蓋聖道的無記。對此還可以參閱後面對第二十五句的解釋。

2. 眼耳身三二地居

【語釋】

在眾生能夠達到的九個生命境界中，前五識在其中的第一個層次起作用，而其中的眼識、耳識、身識還在九個層次中的第二個層次起作用。即是說，前五識在總體上到了第二地就完全止步了。

【章旨】

在這一句中，前五識的行止範圍得到界定，即是說，前五識的有效活動範圍得到界定。在三界九地之中，前五識只在第一地都有效用，眼耳身等三識則到第二地還有效用。無論如何，前五識到了第二地以後就都止步了。因此可以説，達到第三地以上的眾生，就可以脱離開前五識。

對此還可以參見後面對第八句的解釋。

【注釋】

眼耳身三：指眼識、耳識、身識這三識。

地：bhūmi，指持載、依託的場所，也就是眾生依此而住的場所，即所謂"能生曰地"。佛教經論中把"地"分為九種，即所謂"九地"，一為"五趣雜居地"，二為"離生喜樂地"，三為"定生喜樂地"，四為"離喜妙樂地"，五為"捨念清淨地"，六為"空無邊處地"，七為"識無邊處地"，八為"無所有處地"，九為"非想非非想處地"。在這"九地"中，一地為"欲界"，接下來的四地為"色界"，再後的四地為"無色界"（詳見後面對第十四句的注釋説明）。因此統稱為"三界九地"。"二地"是指九地中的前兩地。

3. 遍行別境善十一

【語釋】

在與心識相伴相應產生的各種心理活動和心理現象中，可以區分出遍行、別境和善三位，共計二十一種類型。這二十一種心理活動和心理現象都有可能伴隨前五識產生。

【章旨】

"八識"統稱為"心"或"心王"。這一句和後一句討論的都是與前五識相關聯的"心所"，儘管這個概念在句子中並未出現。"心所"（caitta）也叫"心所法"，是指伴隨心識而產生的各種心理現象的類型。唯識學家共列出五十一位心所，再分為六組，即“六位心所”。本句記錄的是前三組：“遍行”（五法）、“別境”（五法）、“善”（十一法）。另外三組是“煩惱”（六法）、“隨煩惱”（二十法）、“不定”（四法）。

【注釋】

遍行：sarvatraga，是唯識宗所確立的六位心所之一。它意味著在心識活動發生時都必定會一同出現的心理現象。由於它具有普遍性，貫穿於所有八識，故稱“遍行”。它共有五種：觸、作意、受、想、思。

別境：是指“別境心所”，共有五種：欲、勝解、念、定、慧。“別境”正好與“遍行”相對，它不是普遍有效的和必須出現的，而是在不同情況下各個有別的，隨機而產生的。

善：是指“善心所”，共有十一種：信、慚、愧、無貪、無瞋、無癡、勤（也作“精進”）、輕安、不放逸、行捨、不害。這裡的“善”，有一個標準，即對於佛陀的教法，依法而行。這個意義上的“善”，與三性中的“善性”也是一致的：對於現世、來世和自己、他人是順應的和有益的，便是善性。《成唯識論》説，“順益此世、他世為善”。它的具體表現，在唯識學看來就是以上這十一種心所法。

4. 中二大八貪瞋癡

【語釋】

與前五識相伴相應產生的還有各種煩惱的心理活動和心理現象，其中所有兩種“中隨煩惱”、所有八種“大隨煩惱”，以及六種“根本煩惱”中的前三種。

【章旨】

這一句進一步劃分"心所法"第四、五組"煩惱"（也叫"根本煩惱"）和"隨煩惱"的情況。

《大智度論》卷七中說："煩惱者，能令心煩能作惱故，名為煩惱。"而"隨煩惱"中的"隨"，是指"伴隨"。"隨煩惱"意味著隨根本煩惱一同生起的種種煩惱的心理活動和心理現象，與"根本煩惱"相對稱。

"隨煩惱"現象共有二十種，分別為：忿、恨、惱、覆、誑、諂、憍、害、嫉、慳、無慚、無愧、不信、懈怠、放逸、惛沉、掉舉、失念、不正知、散亂。這些煩惱還被進一步分為三種：最初的十種（從"忿"到"慳"）是個別生成的，所以被稱作"小隨煩惱"（小隨惑）。接下來的兩種（"無慚""無愧"），是普遍伴隨一切不善心而生成的，所以稱作"中隨煩惱"（中隨惑）。最後的八種（從"不信"到"散亂"），是普遍伴隨一切不善心與有覆無記的心而生成的，所以稱作"大隨煩惱"（大隨惑）。關於"有覆無記"，可以參閱後面對第二十五句的解釋。

"根本煩惱"現象共有六種：貪、嗔、癡、慢、疑、惡見。

【注釋】

中二：指"中隨煩惱"兩種：無慚、無愧。

大八：指"大隨煩惱"八種：不信、懈怠、放逸、惛沉、掉舉、失念、不正知、散亂。

貪嗔癡：是指"根本煩惱"中的前三種。"根本煩惱"共有六種。另外三種（慢、疑、惡見）之所以不與前五識一同產生，乃是因為前五識還沒有"執我"的功能，因此不會與前五識一同生起。

5. 五識同依淨色根

【語釋】

眼識、耳識、鼻識、舌識、身識這前五識,均以"眼根""耳根""鼻根""舌根""身根"這前五種相應的器官組織或神經系統為依據。

【章旨】

從這裡開始"五識頌"的第二頌。這一句的主旨在於說明前五識的"識"與其生理學－生物學基礎之間的關係,說明前五識產生所需要的器官組織的條件。這個意義上的"識"與"根"的關係,曾被王恩洋比喻為電與電線的關係。他認為這兩者"性用異故,個別有體"。此外,演培也做過類似的比附。

【注釋】

識:梵語的原文為"vijñāna"。這個詞是由兩個部分合成的:"vi",即"分析""分割";"jñāna",即"知"或"智"。它意味著區分－認知的心識活動。唯識學家也將其定義為"了境(arthasya vijñapti)"或"了別(vijñapti)"。用現代西方現象學的術語來說就是"意向活動"(noesis)。它通過認同、分辨,將雜亂的感覺材料整理成對象,使相對於主體的客體被構造出來。因而"識"無異於構造對象的活動,或者說,客體化的活動、對象化的活動。它與被構造出來的"外境"相對,因此也被稱作"內識"。

初期小乘佛教經論中把心、意、識三個詞混同使用。《阿含經》時常說到"此心、此意、此識"。以後大乘唯識學逐漸將三者區分使用。"心"(citta)統指所有八識,統稱"心識";"意"(manas)則特指八識中的第七識,即音譯的"末那識";而前六識,也包括其中的第六識，即意譯的"意識（manas）"，被統稱作"識"。

根：indriya，原義是"能生"，指人體所具有的官能、器官、機能。它被看作是精神和物質的結合處、聯通處，能生成眼識、耳識等。這個概念已經涉及生理學－生物學的領域。

但以上這個定義還只是對相對於前五識而言的前五根有效，即對"眼根""耳根""鼻根""舌根""身根"有效。而在五根以後的各個根中，"根"更多意味著資質、天資、素質。

最寬泛意義上的"根"共分"眼根""耳根""鼻根""舌根""身根""意根""女根""男根""命根""樂根""苦根""喜根""憂根""捨根""信根""勤根""念根""定根""慧根""未知當知根""已知根""具知根"等二十二根。

一些唯識學家把"眼根"等前五根再劃分為兩類：

一、"勝義根"，負責感覺作用的官能，但還不是可見的五官外形。一些唯識學家（如太虛、王恩洋等）將它比喻為如今生理學所說的不可見的內部神經系統，因此也將它稱作"內根"。

二、"扶塵根"，起輔助作用，相當於如今生理學所說的五官組織，如眼球、鼓膜等可見部分，它們是血肉形成的外部器官，因此也被稱作"外根"。

但還有另外一些唯識學家則認為，只有"勝義根"纔是五根。這一句也在某種程度上持有這種主張。至少在這裡可以讀出，相對於"扶塵根"，"淨色根"是更為基礎性的。

淨色根：是"勝義根"的同義詞。

6. 九緣七八好相鄰

【語釋】

眼識、耳識、鼻識、舌識、身識的產生都依從一定的條件，有的依從全部九種，有的依從八種，有的依從七種。這些條件彼此聯繫、合作，並不相互乖違。

【章旨】

這一句是對前一句內容的進一步展開，列舉和說明前五識產生所需的所有基本條件。前一句中所說的官能條件，在這一句中只是作為九種條件中的一種，即根緣。除了根緣之外，還有其他八種條件。

【注釋】

緣：pratyaya, 有原因的意思，在這裡是指助成前五識或促使前五識產生的條件。唯識學家區分九種"緣"，它們分別是指：

一、"明緣"，指光線條件，如眼識沒有相應的光線就不能產生；

二、"空緣"，指空間條件，如眼識、耳識沒有相應的空間就不能成立；

三、"根緣"，指官能條件，如前五識沒有相應的器官就不能產生；

四、"境緣"，指心識對象條件，前五識沒有相應的對象就不能產生；

五、"作意緣"，可以說是注意力的條件，沒有相應的覺察和關注，前五識都不會產生；

六、"根本依緣"，指第八阿賴耶識的條件，沒有第八識就不會產生前五識；

七、"染淨依緣"，指第七末那識的條件，沒有第七識就不會產生前五識；

八、"分別依緣"，指第六意識的條件，沒有第六識就不會產生前五識；

九、"種子緣"，指先天可能性的條件；這是對九緣的總結：前五識的產生、甚至所有八識的產生，都與它們各自的先天潛能相關。

唯識學家說"九緣生識"，意思是說：五種心識的產生借助於九種情況，甚至可以說，五種心識的產生以九種情況為條件。也有人說，所有八識的產生都借助於九緣。但這裡有邏輯上的問題，因為後三識據此就會既是結果，又是條件。因而此處只提及"九緣生五識"。

七八：也有版本作"八七"，是指前五種心識的產生各自需要具備的具體條件數。眼識需要九種緣，耳識需要八種緣，鼻識、舌識、身識需要七種緣。這些數字順次相互比鄰。

除此之外，明末的唯識學家還認為，後三識的產生也需具備條件：第六意識需要五種緣，第七末那識需要三種緣，第八阿賴耶識需要四種緣。

7. 合三離二觀塵世

【語釋】

通過五種器官組織對外部對象世界的觀察可以分為兩種情況：一類是鼻嗅香、舌嘗味、身觸冷暖，在這種情況中，器官組織必須與相關對象相互貼合，彼此之間無距離；另一類是眼見色、耳聞聲，在這種情況中，器官組織必須與相關對象相互分開，彼此之間有距離。

【章旨】

這一句所討論的是在前五識的發生過程中，感覺神經或感覺器官（根）與相應的感覺對象（境）之間的基本關係。

【注釋】

合三：指鼻識、舌識、身識三者在構造對象過程中，相應的器官組織必須與相關對象相貼近。

離二：指眼識、耳識兩者在構造對象過程中，相應的器官組織必須與相關對象相間隔。

塵世：指色境、聲境、香境、味境、觸境所組成的物質現象界，也被稱作"五境"。

8. 愚者難分識與根

【語釋】

不明佛法的修行者，或者說，不明唯識理事的人，也就無法弄清心識活動和器官組織的區別所在。

【章旨】

這一句的主旨在於強調心識活動與器官組織之間的區別。對在其中受到批評的"愚者"，唯識學史上有多種解釋，引起爭論也最多。（對此可以參見前面《導讀》中的說明和注釋。）

【注釋】

愚者：bāla，"愚"是指不明佛法或誤犯佛法。"愚者"與"智者"相對。在玄奘的《成唯識論》和窺基的《成唯識論述記》中都曾多次提到"愚者"或"愚夫"，它們的意思都是如此。

　　自普泰起，明末的唯識學家大都認為，這是對小乘佛教的批評，"愚者"是指小乘學者中沒有弄清佛法的人。普泰在《補注》中說，"此言小乘愚法聲聞，不知根之與識各有種子現行，以為根識互生也。根之種現但能導識之種現。"由於小乘只承認前五識和第六識，因此一些小乘學說認為，是感覺神經或感覺器官在構造和認識對象（了境），他們被稱為"根見家"；另一些小乘學說則主張，是心識活動在構造和認識對象，他們被稱為"識見家"。他們都各執一端，實際上沒有看到"根"和"識"的區別，沒有區分心識活動的條件和心識活動本身。

　　近代學者中的呂澂則認為，"愚者"具體有所指，即指印度的難陀論師。他據此而否認《八識規矩頌》為玄奘所撰，認為玄奘不可能寫出這樣的語句。（對此可以參見前面《導讀》中的相關評論。）

　　還有一種值得注意的解釋是："愚者"泛指所有那些沒有能夠完全擺脫物質世界（色法）的人。前面第二句說"眼耳身三二地居"，涉及"三界"（1.欲界、2.色界、3.無色界）和"九地"（1.五趣雜居地、2.離生喜樂地、3.定生喜樂地、4.離喜妙樂地、5.捨念清淨地、6.空無邊處地、7.識無邊處地、8.無所有處地、9.非想非非想處地），其中第一地為"欲界"，接下來的四地為"色界"，再後的四地為"無色界"。第二句的意思是說，眼識、耳識、身識，在第二地仍能生起，在第二地以上就不再起作用了。但第三、四、五地仍被稱作"色界"。這是因為，前五識在這裡雖然已經不起作用，但前五種內根仍然還有效，即前五種感覺神經系統仍然處在物質世界之中。擺脫了前五識所涉及的物質世界，並不等於就擺脫了前五根所涉及的物質世界。前者是"外色",後者是"內色"。如果不瞭解這個區別,就是不明佛法的"愚者"。

太虛法師則乾脆總括地把"愚者"解釋為"小乘、外道、凡夫"三種人,即"無真智慧"的人。

識與根:指"識"與"根"不可等同,但彼此有關聯。一般認為它們之間存在五種關聯:一是根能發識,二是識必依根,三是根能助識,四是識屬於根,五是識猶如根。

9. 變相觀空唯後得

【語釋】

前五識所轉的成所作智,能夠通過對心識活動構造心識對象之過程的認識和把握,觀察並領悟到空的真諦。但成所作智是一種後得智。即是説,只有在達到根本智之後,成所作智纔能夠真正成為變相觀空的智慧。

【章旨】

這是"五識頌"的第三頌。前兩頌八句討論與內因、外緣相關的各種法則,也稱"有為法"。這裡開始的第三頌四句,已經從對心識的闡釋過渡到對智慧的討論,即是説,已經涉及佛教經論中所説的"轉識成智",即通過修行(carati)將凡人的八識轉變成佛的四智。"修行"是指在宗教生活中根據宗教信仰而對生活所做的統制、調節、規定。

佛教經論中的"智"或"智慧"(jñāna),是指深明事理、判斷是非、正邪,並有所取捨的能力。按照前面對第五句的解釋,一般梵文用語中的"識"(vi-jñāna),是指通過分辨(vi)而獲得的"知識"或"智慧"(jñāna)。這是最寬泛意義上的智慧,在含義上既包括凡人的"識"，也包括聖人的"智"。

而狹義上的"智"，是指佛學中通常所指的"聖智"。從佛教的漢語詞義上的分別來說，明白一切事相就意味著"智"，瞭解一切事理則意味著"慧"。佛教經論中對"智慧"有各種各樣的分類，對"智慧"的含義寬窄也有不同理解。這裡所說的"四智"，是指"佛果四智"，簡稱"果智"。在對下面一句的解釋中，還會出現幾種"證智"，即在轉識成智過程中的智慧，也可以說是方法上的智慧。

由於這一句提到"相"，亦即"相分"，因而其中隱含著唯識學的"四分說"。所謂"四分"，可以說是構成心識的四個分位，或者說，四個要素。它們分別是：

一、"相分"，即心識活動的對象，也可以說是"客體"，相當於唯識學中的"境"，或現代西方現象學意義上的"意向相關項"（noema）；它還被進一步分為影像相分、本質相分二種。

二、"見分"，心識活動，也可以說是"主體"，相當於唯識學中的"識"，或現象學意義上的"意向活動"（noesis）。

三、"自證分"，即心識活動對自己的自身意識到，相當於西方哲學中所討論的"自身意識"（self-consciousness, Selbstbewußt-sein）。

四、"證自證分"，也就是對自證分的再證知，或者說，對自身意識的意識。後期的唯識學家如護法認為，所有八識都含有這四分。

此外，印度還有安慧的"一分說"（僅立自證分）；難陀的"二分說"（立見、相二分）；陳那的"三分說"（立見、相、自證三分）。

【注釋】

變相：基本的意思是"轉變成形相"。一般是指把佛教的教義、故事轉變為圖像、繪畫的做法。但在這裡，"相"是指"相分"，即"意向對象"。因此，"變相"是指"構造出對象"，即從心識活動（見分）構造出心識的對象或相關項（相分）。

觀空：是指觀審諸法皆空的道理，把握"空性"（śūnyatā）。"空"（śūnya）是佛教、尤其是大乘佛教的基本思想和根本立場。佛教經論中所說的"空"，基本上可以分為人空和法空："人空"是指自我的實體為空；"法空"是指"萬法皆空"，即一切存在事物自身的本性都為空。唯識學家也説"我法兩空"。

後得：與"根本"相對，主要是指證悟法性的智慧即"證智"中的兩種："根本智"和"後得智"。它們都叫做"無分別智"。這裡所說的"無分別"，按《成唯識論》的說法，"緣真如故，是為無分別"。進一步説，"無分別"是指：智慧與真如成為一體，達到"智如不二"的境界；心識（見分）與心識的對象（相分）也成為一體，主客二分、物我二分的狀態也不復存在；與名義相應的遍計執相也被排斥出去，能證知的與所證知的渾然為一。概言之，這個一，是一種"觀空捨執"的狀態；它既是真如，也是法性，或者説：空性、虛空、空無。

這也從一個角度説明了前面曾提到的"識"和"智"的區別："識"是了別的智慧，"智"是無分別的智慧。

而這裡的"後得"，是相對於"根本"而言，即在證得"根本智"之後所得的智慧。這兩種智慧的區別在於：境智無異，不起分別的，是"根本智"；也就是説，對現象（認識對象與認識活動）不加分別，而直接觀察到真理本身的智慧，叫做"根本智"。而區分

一切差別、慧照分明的，是"後得智"；也就是説，對現象（認識
對象與認識活動）進行區分，例如對諸識及其相關對象的區分，以
此方式來進一步觀察真理的智慧，叫做"後得智"。《攝大乘論》
卷二十二説，"根本智不緣境，如閉目，後得智緣境，如張目。"因
此，印順説："根本無分別智是離相的，後得無分別智是有相的，所
以是帶相觀空的。"而根本智則可以説是離相觀空的。

除此之外，按照經書上的説法，還可以列出第三種無分別
智，即"加行智"。這屬於最初階段上的"加行智"。"加行"，是
指加功用行，即針對正行的預備行，所以也可以不算作"證智"。

10. 果中猶自不詮真

【語釋】

前五識即使達到了佛果的位置，業已轉為成所作的智慧，也
仍然無法親證真實的狀況本身，不能理解"真如"。

【章旨】

這一句與前一句相連，同時將"因""果"問題納入到對前五
識轉智的討論中，指明前五識或者是在原因的階段上轉智，或者
是在結果的階段上轉智。但即使是在果位上轉智，也還不能完全
地把握真如。

由於這裡的"因"和"果"與轉識成智相關，具體地説，將
凡夫的第八識、第七識、第六識，及前五識分別轉變為佛果的四種
智慧（catvāri jñānāni）：大圓鏡智、平等性智、妙觀察智、成所作
智。因此，這裡所説的"因""果"，可以有兩層意思：其一是指
成佛的"佛因"和"佛果"。"佛因"是指佛果的原因，即一切善
根功德。"佛果"是指成佛。其二，"因""果"在這裡是指前五識

與第八識的聯帶相生的關係：在前面對第六句的解釋中已經提到，前五識的産生以第八識為"根本依緣"。在此意義上，第八識是前五識的"因"，前五識是第八識的"果"。

這一句的意思是説明，由於前五識只涉及"現量"（參見對第一句的解釋），只包含與對現實的感知有關的知識，因此，它們所轉成的"成所作智"只能觀察到諸法的事相，還不能親證（或者説：圓具）最終的真如妙理。而且，前五識依據第八識纔能生起，在第八識尚未轉成"大圓鏡智"之前，前五識的智慧還是不徹底的，還是有漏的。或者也可以説，"成所作智"還只是初步的智慧，還不是佛的智慧，即真正的"覺悟者"的智慧。

按照馮達庵的看法，這裡的境界與佛祖的經歷有關：佛祖在菩提樹下實修無上覺四十九天，因感得十方如來齊現空中，自以為已證究竟果位，諸如來卻同聲警告之云："汝之所證處，是一道清淨。金剛喻三昧，及一切智智，尚未能證知，勿以為足！"

【注釋】

果：phala, 原指草木的果實，轉而指由"因"所生出的結果。佛學中區分"因"（内在的原因）、"緣"（外在的原因）和"果"（結果）。佛教諸家學説中有不同的"果説"，如"五果""九果"等理論。

這裡的"果中"，是指前五識處在結果的階段上，也就是説，前五識此時已經轉化為智慧。

猶自：副詞，指仍然、還是。

詮真：指的是親緣真如、把握真理。"詮"在這裡意味著"親證""證得"，即理解正確。吕澂曾説："理解正確謂之證。"這個

"理解"，不是對象化的、客體化的、命題化的理解，而是一種直接的領會。當代西方哲學家 M.海德格爾所說的 "存在理解"（Seinsvertändnis），與佛教中的"親緣真如""親證如是"，在很大程度上可以彼此呼應。

這裡還要說明一點，一再涉及的 "真如"（bhūta-tathatā）概念，其原意是指：本來的樣子。也被解釋為：真實不虛與如常不變。在英文、德文中可以翻譯為：So-Being, Sosein, 或 as such, als solches, 如此等等。它與西方本體論中的 "本體"或 "本質"有相近的含義。

11. 圓明初發成無漏

【語釋】

只有在達到了圓滿光明的境界的瞬間，有煩惱的心識纔能轉化為真正無煩惱的智慧。

【章旨】

這一句仍然在説轉識成智，並且涉及轉識成智的一個條件。對 "圓明"的解釋的不同，決定了對這個條件的理解的不同。如果把 "圓明"解釋為 "大圓鏡智"，那麼這句話的意思便是：只有在第八識轉為大圓鏡智的時候，前五識纔會同時轉為無煩惱的 "成所作智"。如果把 "圓明"解釋為 "究竟位"上的清淨圓明境界，那麼這句話的意思便是：只有通過修行達到了最終成佛的境界，所有的八識纔會轉變為無煩惱的智慧。這兩種解釋在《八識規矩頌》的詮釋史上都曾出現過。這兩種解釋並不相悖。它們都在説明，前五識不能單獨成為無漏的成所作智，而必須依賴於生命總體的轉識成智。

【注釋】

圓明：有多種解釋。一種解釋是："圓明"指"大圓鏡智"，它是第八識即阿賴耶識轉化的結果。第八識所轉化的智慧"大圓鏡智"就是"圓明"。

另一種解釋是："圓明"指"圓滿光明"。這種清淨圓明的境界只是在修行達到究竟位、亦即佛位時纔能獲得。這是修行的最高階段。因為按照唯識學的修行理論，修唯識行，要經過五個階段，稱作"修行五位"，玄奘《成唯識論》卷九中也將其稱作"唯識五位"。更嚴格地說就是："唯識修行五位"。這"五位"分別是指菩薩修道的五等階位，它們分別為：

一、"資糧位"：資糧是比喻在遠行之前的資財和糧食的準備，供途中所需之用，因此這個階位有準備階段的意思：為修行準備充分的智慧和福德。凡是認真地思考佛法道理，開始長期修行明道的人，都可以說是處在資糧位上了。

二、"加行位"：與"四加行"（暖、頂、忍、世第一）有關。四加行的功能主要在於消業與培福，使行人有足夠的資糧可以安心進修，不遭障難。四加行位菩薩，由於獲得福智資糧，可以有針對性地刻苦修習，加功用行而入見道，住真如位，所以稱作"加行位"。

三、"通達位"：也叫做"見道位"，顧名思義，是指初地菩薩體會到了真如，智照於理，得見中道，它是修行第一大劫的成熟階段，相當於修行"十地"中的初地之入心，所以稱作"通達位"。（關於這裡的"修行十地"階位，以及它們與"修行五位"的關係，還可以參見後面對第二十一句的解釋和說明。）

四、"修習位"：也叫做"修道位"，是指第二地至第十地菩薩，得見道已，為斷除障，復修習根本智，即於通達位證得真如理，再反復修習之位，所以叫做"修習位"。

五、"究竟位"：在這裡已經妙覺，佛證此位，最極清淨，更無有上，故名究竟位。即指佛果之位，因為在這個階段上已經最終證得佛果。在小乘佛學中，這一位也被稱作"無學位"，表明在這階位上已經究竟真理，無法可學。

由於在第四十七句中出現"大圓"的概念，特別用來標示"大圓鏡智"，因此，對這裡第十一句中和後面第二十三句中出現的"圓明"，都應當做第二種解釋。

初發：指"開始的時候""出發點"。

漏：anāsrava，也就是"煩惱"。由於煩惱會使心綿綿流散，會使生長的功德不能圓滿，所以稱作"漏"。

唯識學家認為，凡夫的八識是有漏的，佛的四智是無漏的。"轉識成智"就是有漏的八識轉為無漏的四智。

12. 三類分身息苦輪

【語釋】

一旦轉識成智，達到佛果，便可以各種化身出現，隨機化度眾生，使其永遠結束生死的苦輪，這些化身可以分為三類："大化身""小化身"和"隨類身"。

【章旨】

這一句的內容緊接上一句。它涉及在達到圓明境界之後對眾生的教化和度化，即現三類身，止息眾生的苦輪。由於以上四句均涉及"轉識成智"的修行，因此可以將這一句看作是對前五識之"果用"的闡釋，即在前五識轉為"成所作智"、修成佛果後於教化、度化眾生方面的運用。

【注釋】

分身：nirmāṇa-kāya, 即"分身化現"或"分身攝化"；意思是說：諸佛、菩薩由於慈悲，採用種種方便法門，現成佛之相，化身到各處去教化眾生，引導眾生擺脫生死之苦，使得眾生能夠超凡入聖。

"分身"計有三類。自明末普泰起，這三類分身大都被解釋為：

一、"大化身"，對大乘的四加行菩薩顯示為千丈盧舍那身；

二、"小化身"，對大乘的資糧位菩薩、二乘人、凡夫顯示為丈六小化身；

三、"隨類身"，對六道（地獄道、餓鬼道、畜生道、修羅道、人間道、天人道）四生（胎、卵、濕、化）的世界以及對三乘（聲聞乘、緣覺乘、菩薩乘）的世界顯示為各種隨機的化身。

太虛也將這三類化身等同於"勝應身""劣應身""隨類應化身"。勝應身"有大威德，相好莊嚴"；劣應身"如丈六金身的釋迦牟尼佛"；隨類應化身"如人見佛為人類，鬼見佛為鬼類"。

息：指平息，化解，中止。

苦輪：是佛教經論中比喻的說法。由於生死的苦果流轉不息如輪，不斷往返重複，所以稱為"苦輪"。而這個生死輪轉的永無止盡的過程在佛教也被稱作"輪回"（saṃsāra）。

這種關於"輪回"的思想，在西方古代哲學家畢達哥拉斯那裡曾出現過，而且由他領導的畢達哥拉斯社團曾把這個思想與他們的生活方式內在地結合在一起。現代西方的哲學家尼采（F.Nietzsche）也把輪回的思想作為他的哲學的一個重要組成部分。

第六識頌（13—24句）

13. 三性三量通三境

【語釋】

就第六識而言，它與善、惡、無記這三種存在的本性，與現量、比量、非量這三種知識的能力，以及與性境、獨影境、帶質境這三種意向的相關項，都是息息相通的。

【章旨】

從這裡開始，下面十二句討論的課題從前五識轉向第六識：意識。因此這後面的三組頌可以稱作"意識頌"或"六識頌"。接下來的四句為"意識頌"的第一頌。

作為第六識的"意識"，在佛教經論中有專門的涵義。它不是現代人泛稱的"意識"，而是特指心識的認識作用。這個"意－識"概念，就其在感知（或者說：五俱意識）中的作用而言，基本上相當於我們在現代西方哲學中——例如在 I.康德和 E.胡塞爾的哲學中——可以讀到的"統覺"（Apperzeption）概念。但是，第六識的概念比感知更大，它還包含例如想像（imagination）的認識作用，包括所有再造（reproduction）、再現（representaion）等等，甚至包括本質直觀、哲學沉思、夢中意識等等。

這一句幾乎是對第一句"性境現量通三性"的內容的重複。區別僅僅在於，第一句所指稱的是前五識，這一句所指稱的是第六識。即是說，這一句特別指明：意識（第六識）是與三種知識的類型相通的。更具體地說，唯識學家對"意識"有各種劃分方法，但基本一致，這裡選擇四分，一類是與前五識同時產生的意識，另外三類則相反：

一、"五俱意識"，是指伴隨前五識中的任何一識一同生起的意識。它的對象與前五識提供的材料一致，具有同一的實在性。例如，將一定的感覺材料（顏色、長度、硬度等等）統攝為一張桌子，將一段人聲發音理解為法語的（French）對話，如此等等。據此"五俱意識"屬於"現量"。我們也可以説，五俱意識就是當下意識，就是可以提供現實性知識的感知。

二、"不俱意識"，是指不與前五識中的任何一識一同生起的意識。它本身又可更具體地分為三類：

（1）"獨散意識"，指不伴隨前五識、而是獨自出現的意識。我們可以説，除了感知之外，所有的直觀活動都可以被稱作"獨散意識"。"獨散意識"屬於"比量"或"非量"，而不屬於"現量"。因此，"獨散意識"需要以通過前五識獲得的知識為前提，例如回憶、想像、聯想、語言表述、符號思維、推理、運算等等。

（2）"定中意識"，也是一種獨自出現的意識，所以也稱"定中獨頭意識"。但它具有堅固的定力，能夠不以前五識活動及其對象和知識為前提，而是直接從第六識生起，直接進行真實的思考。佛教經論中所説的禪定、哲學中的沉思等等，都可以説是屬於定中意識的形式。隨定力的深淺不同，它們的思考結果可以是"現量"，也可以是"似現量"或"非量"。

（3）"夢中意識"，也是一種獨自出現的意識，但沒有定力，缺乏條理。隨夢中意識的清晰度、思考力度等等的不同，它可以是"非量"，也可以是"比量"。

據此，意識所分四類——五俱、獨散、定中、夢中，都與三量相通，並作相應劃分。

【注釋】

三性：指三種本性或三種自性："善性""惡性"和"無記性（中性）"（詳見前面對第一句的注釋說明）。

三量：指知識的三種能力："現量""比量"和"非量"（詳見前面對第一句的注釋說明）。

這裡需要補充說明的是：印度各宗的佛教學者——也包括唯識學者——對"量"這個概念的理解和用法並不一致，因此，"三量"也具有各種相應的含義。一般說來，"量"是指"認知"（動詞）或"知識"（名詞）。量知的活動或能力或主體，稱為"能量"或"量者"（pramātṛ）；被量知的事物，稱為"所量"（prameya）；量知的結果，稱為"量知"（pramiti）或"量果"。這是另一種意義上的"三量"。它與唯識學中的三分說（或四分說）基本一致：三分中的"相分"相當於"所量"，"見分"相當於"能量"，"自證分"相當於"量果"。（"證自證分"屬於邏輯上的補充，另當別論。這裡擱置不提。）

而"能量"本身，亦即認知活動本身，還可以分為三類。這應當就是這句中所提到的"三量"，它們是指"現量""比量"和"非量"。

除此之外，唯識學傳統中還有另一種"三量"的劃分，即無著在《瑜伽師地論》卷十五與《顯揚聖教論》卷十一所做的"三量"區分。這個區分在"現量"和"比量"上沒有變化，只是在"聖教量"上不同於前一種，因為前者是把第三量稱作"非量"的。"聖教量"是指由佛教的聖書或聖人之教導所得來的正確的知識。玄奘在《成唯識論》中也論及這個劃分。窺基在《成唯識論述記》中多次提到的"三量"便是這個意義上的"三量"。

但無著的這個"三量"劃分後來曾遭到陳那的否定，他在《集量論》中主張，"聖教量"必定可以化入到"現量"和"比量"中去，無需另立，因此不成為第三量。剛曉法師在《漢傳因明二論》中對此解釋說："不是陳那論師不承認佛陀的經典是真理，而是陳那論師認為，佛陀所教導的經典是必然符合現量與比量的，如果有雖是佛陀所教導但不符合現量與比量，那這部經肯定不是佛陀所說的。陳那論師說，即使你是佛陀所教導的，必須憑現量、比量可以證實，同時任何人都可以通過現量、比量去證明這件事的真偽。所以，理智最重要，要在理解之後再去建立信仰，如果一個信仰可以被確實證偽，那麼這種學說就不是真理。"

按照這種理解，事實上最終只存在"兩量"，即"現量"和"比量"。而"似現量"和"似比量"作為"非量"，歸根結底不是"量"，不是知識。（對此還可以參見前面對第一句的注釋以及在前面《導讀》中的相關說明。）

三境：指"性境""獨影境"和"帶質境"。"境"在唯識學中也被稱作"對境"，相當於今天所說的"對象"或"客體"（詳見前面對第一句的注釋說明）。

14. 三界輪時易可知

【語釋】

根據眾生第六識以往的作業情況，即根據它的所思、所想、所作、所為，可以很容易得知，眾生在輪回時究竟會落到欲、色、無色這三界中的哪一界。

【章旨】

這一句涉及佛教經論中的"果報"理論，説明"意識"在因果報應的無盡輪迴中所起的作用。所謂"果報"，在佛教經論中有特別的含義：由於過去的業因造成現在的結果，叫做"果"；又因為這果是過去的業因所召感的酬報，所以又叫做"報"。"意識"在果報的方面所負責任最大。可以説它是果報的牽引者。因為它與三界相通。而前五識只是增強意識的造業作用，並不通於三界。具體地説，意識決定著行善、作惡，從而使固有的三種本性得以成熟和顯露，因果報應最終會落腳於三界。如果意識執著於各種欲望，日後就會輪轉回到欲界；如果意識在審思、靜慮、禪定上努力，日後就會輪轉回到色界；如果意識看到了萬物皆空，日後就會輪轉回到無色界。這種三界輪迴，是以意識的作業方向和作業力量而定的。

【注釋】

界：dhātu，它在佛教經論中有多重含義，在這裡主要是指"領域""境界"或"界限"。

"三界"是指眾生所居住的世界，凡夫生死的世界，也稱"苦界""苦海"。它們分別是指：

一、"欲界"（kāma-dhātu），"欲"意味著"淫欲""情欲""色欲""食欲"等欲望和欲求，它與最底層的物質世界直接聯繫。

二、"色界"（rūpa-dhātu），"色"意味著"示現""現象"或"顯現"。此界在欲界之上，但仍含有色質。

三、"無色界"（arūpa-dhātu），在這裡已經不含有色質和物質，而只是一個純然的精神世界。此界又在色界之上。

在佛經中，"三界"還被進一步劃分為"九地"和"二十八天"。

"九地"是：一為"五趣雜居地"，二為"離生喜樂地"，三為"定生喜樂地"，四為"離喜妙樂地"，五為"捨念清淨地"，六為"空無邊處地"，七為"識無邊處地"，八為"無所有處地"，九為"非想非非想處地"。在這"九地"中，一地為"欲界"，接下來的四地為"色界"，再後的四地為"無色界"（詳見前面對第十四句的注釋說明）。

"二十八天"是："欲界"六天：四天王天、忉利天、夜摩天、兜率天、化樂天、他化自在天；"色界"十八天：梵眾天、梵輔天、大梵天、少光天、無量光天、光音天、少淨天、無量淨天、遍淨天、無雲天、福生天、廣果天、無想天、無煩天、無熱天、善見天、善現天、色究竟天；"無色界"四天：空無邊處、識無邊處、無所有處、非想非非想處。

整個區域的劃分被稱作"三界""九地""二十八天"。

輪：saṃsāra，也稱為"輪轉""輪回"。"輪時"，是指輪轉的時候。更確切地說，是指眾生由惑業之因（貪、嗔、癡三毒）而招感三界、六道之生死輪轉，恰如車輪之回轉，永無止盡。

易可知：指"容易知曉"。之所以容易知曉，一方面是因為可以根據原因而得出結果。另一方面，這裡的"易"，乃是相對於第七識和第八識而言：這後兩種心識雖然也通三界，但由於活動細微，不易被知曉。

15. 相應心所五十一

【語釋】

在第六識進行的過程中，可以有五十一種心理現象以四種相應的方式伴隨它一起產生，或同時、或同根、或同緣、或同行。

【章旨】

由於"八識"也被稱作"心王"，即精神作用、意向活動本身，而"心所"則是指隨精神作用一起產生的心理現象，因此可以說，這一句討論的是"心王"與"心所"的關係，主要是第六識與隨它一起產生的各種心理現象的關係。這一句特別說明了，意識的一個基本特點就在於：它具有所有五十一心所。也就是說，所有五十一種心理現象，都可以伴隨意識的活動而產生。這個法則對於其他的七識來說並不成立。

【注釋】

相應：samprayukta，是指"契合"的意思。在這裡至少可以有四種意義，或者說，有四種解釋：

一、"同時"，即意識的活動與伴隨的心理現象是同時發生的；

二、"同根"，即意識的活動與伴隨的心理現象所依據的是同一個器官組織；

三、"同緣"，即意識的活動與伴隨的心理現象所涉及的是同一個對象。

四、"同行"，"行"在這裡是指"行相"，即行事的相狀。"同行"因此是指：意識的活動與伴隨的心理現象所具有的是同一個性能、同一種認識作用。

心所：caitta，也叫"心所法"，是指伴隨心識而產生的各種心理現象的類型。唯識學家共列出五十一位心所，再分為六組，即所謂"六位心所"。它們分別是：

一、"遍行"，有五種：觸、作意、受、想、思。

二、"別境"，有五種：欲、勝解、念、定、慧。

三、"善"，有十一種：信、慚、愧、無貪、無嗔、無癡、勤、輕安、不放逸、行捨、不害。

四、"煩惱"，有六種：貪、嗔、癡、慢、疑、惡見。

五、"隨煩惱"，有二十種：忿、恨、惱、覆、誑、諂、憍、害、嫉、慳、無慚、無愧、不信、懈怠、放逸、惛沉、掉舉、失念、不正知、散亂。

六、"不定"，有四種：睡眠、惡作、尋、伺。

16. 善惡臨時別配之

【語釋】

隨第六識所關涉的各種對象境況的不同，善和惡的心理現象會臨時、相應地伴隨第六識而產生。

【章旨】

這一句緊接上一句，涉及情與理的關係，也涉及心所與境的關係。它說明第六識在遭遇善境時會有善的心所與之相應合，在遭遇惡境時會有惡的心所與之相應合。善惡分明、正邪兩立，彼此並不相互混濫。

【注釋】

善惡：指三性中的"善性"和"惡性"。在這裡關係到與"善惡"相關的各個心所，即各個"心理狀態"。這裡的"善惡"，並不是通常倫理學意義上的"善惡"。佛教經論中的"善惡"，多用來指稱順益於理或違損於理的狀態。因此，對"理"的理解，決定了"善惡"。在這裡可以把"理"理解為人心的自性。

印順在《唯識學探源》中曾概括地論述過佛教（主要是部派

佛教）對心的自性的三種主要理解：

首先是"心通三性說"。這在前面第一句"性境現量通三性"中已經得到表達。在《八識規矩頌》中得到貫徹的是這個主張。心中的任何意念和身體、言語的行為，都可以做善、惡、無記的三分，毫無例外。

其次是"心性無記說"：人心的自性，在於了知的作用，也就是以心王為主，因此心性是無記的。之所以有善和惡之分，是因為心所的合作。具體地說，心王的活動，如果只與受、想等心所同起，便是無記；如果與善惡心所同起，便產生出善惡之分別。

最後還有"心性本淨說"：人心的自性原來（即在出世時）是不被煩惱所束縛的，是與煩惱不同類的，因此也是完"善"的。但隨第七識末那識的形成，自我開始形成，自性也就受到污染，不再清淨、不再完"善"。煩惱得以生成。所謂"惡"，就是指與煩惱相關的種種心理狀態。

臨時別配：這裡是指意識的起念、產生並不固定，是隨各種不同對象的出現而對應地、分別地產生的。對象不同，當然也就產生不同的意識，以及與之相伴隨的不同心理現象（心所）。

17. 性界受三恒轉易

【語釋】

隨著第六識的活動變更，它所具有的本性（善性、惡性、無記性）在不斷地轉化變易；它所駐足的界地（欲界、色界、無色界）在不斷地轉化變易，並且它所具有的感受（苦受、樂受、憂受、喜受、捨受）也在不斷地轉化變易。

【章旨】

以下四句是"意識頌"的第二頌，是對心所、業力的進一步説明。這一句特別用來説明與第六識相關的性、界、受的特點：由於意識不斷地活動變化，因此與之相關聯的三性、三界、三受始終不斷地變遷不已、更易不止。這與上一句所説的"善惡臨時別配之"是相應和的。

【注釋】

性界受：分別是指"三性"，即善性、惡性、無記性（參見對前面第一句的解釋和説明）；"三界"，即欲界、色界、無色界（參見對前面第十四句的解釋和説明）；"三受"，即苦受、樂受、不苦不樂受。

"受"（vedanā），是指人類的感官與外界接觸時所産生的感受。"受"有領納、接受之意，相當於現代西方意識現象學中的"被動綜合"之説。它既含有"感覺"（sensation）的意思，也含有"感受"（feeling）的意思。《成唯識論》卷三中説，"受，謂領納順、違、俱非境相為性，起愛為業，能起合、離、非二欲故。"

在前面第十五句中曾提到，大乘唯識學區分五十一心所，其中包括五種遍行心所，即觸、作意、受、想、思。"受"是五十一心所中的五"遍行"之一。它本身可以再分為三類："苦受""樂受""捨受"（或者稱作"不苦不樂受"）。

此外，"受"也是大小乘佛教經論中都論及的"五蘊"之一。這裡的"蘊"，是積集的意思。所謂"五蘊"，即五種聚合體，分別是指：

一、"色蘊"（一切色法的類聚）；

二、"受蘊"（苦、樂、捨等各種感受的類聚）；

三、"想蘊"（眼觸等所生的各種思想的類聚）；

四、"行蘊"（色、受、想、識之外一切有為法的類聚，亦即意志與心之作用的類聚）；

五、"識蘊"（眼識等諸識的各種類聚）。

這裡的第二蘊"受"也可以分為三種："苦受""樂受""捨受"（或者稱作"不苦不樂受"）。

這三種"受"，可以看作是與前五識相關聯的"受"。但在涉及第六識時，還有兩種不依賴前五識的"受"的類型出現："憂受"和"喜受"。

這樣就可以區分出五種"受"：

一、"憂受"，即憂的感受；

二、"喜受"，即喜的感受；

三、"苦受"，即苦的感受；

四、"樂受"，即樂的感受；

五、"捨受"，即身處不違不順之境，因此既無苦的感受，也無樂的感受，既無憂的感受，也無喜的感受，所以稱作"捨受"。

因此，"性界受三"不是指性、界、受每種都有三類，而是指"性""界""受"這三者。

恒轉易：是指恒常不斷地轉化和變易。這裡不僅是指第六識不斷地活動變化，而且也可以是指它所造的業因會導致各種不同的果報。

18. 根隨信等總相連

【語釋】

在第六識中，各類本性、各類境界和各類感受總是與煩惱、隨煩惱、善等各類心理現象相關聯，為它們所伴隨。

【章旨】

此句緊接上句，説明在意識中，雖然各種性、界、受都處在不斷的變化之中，但任何時候都始終會有各種相應的心所與它們相連接。

【注釋】

根：是指五十一心所中以"貪"為首的六種"根本煩惱"：貪、嗔、癡、慢、疑、惡見。

隨：是指五十一心所中以"忿"為首的二十種"隨煩惱"：忿、恨、覆、惱、嫉、慳、誑、諂、害、憍、無慚、無愧、掉舉、惛沉、不信、懈怠、放逸、失念、散亂、不正知。

信：是指五十一心所中以"信"為首的十一種"善"：信、慚、愧、無貪、無嗔、無癡、勤、輕安、不放逸、行捨、不害等十一。

19. 動身發語獨為最

【語釋】

就身體運動、語言表達方面而言，惟有意識的作用和功能在八識中是最為强烈的。

【章旨】

這一句突出意識的地位，指出與八識中的其他各識相比，第六識在發動身業和語業的力量方面是獨一無二的、最强的，功用是最烈的。

在這裡同時得到彰顯的還有佛教學説中意識（意業）、語言（語業）和身體（身業）的關係問題。但與自笛卡爾（R.Descartes）

以降的近代西方哲學所討論的身心關係不同，在唯識學中所論述的意識、語言、身體關係更多是指在意識活動與話語行為和肢體行為之間的關係，類似於現代西方哲學中的知行關係，或心理主義與行為主義的關係問題。

【注釋】

動身：是指牽動身體。由此已經開始涉及佛教中的"造業"問題，在這裡具體地是指身業問題。一般說來，身業有三種：善身業（不殺生、不偷盜、不邪淫）、惡身業（殺生、偷盜、邪淫）、無記身業。

在對下一句（第二十句）的解釋中還會論及"造業"的概念。

發語：是指發出語言。這裡具體涉及語業問題。一般說來，語業也可分為三種：善語業（不妄語、不兩舌、不惡口、不綺語）、惡語業（妄語、兩舌、惡口、綺語）、無記語業。

佛教經論中所說的"十善十惡"，身業各占三種，語業各占四種；餘下三種為意業，也分善意業（不貪欲、不嗔恚、不邪見）、惡意業（貪欲、嗔恚、邪見）、無記意業。

獨為最：即惟一、至高的頂端。

在原文中並沒有說明，第六識為何具有這種最為強烈的功能。但自普泰以來的詮釋中，後人的共同理解是：因為意識具有三種思的能力：

一、"審慮思"：對於對象的內容進行審察考慮的能力；

二、"決定思"：審慮過後做出抉擇的能力；

三、"動發思"：做出決定後運動身體實施計畫、發出語言表達意見的能力。

這裡表明一個原則上的奠基順序。也就是說，意識活動（思量－了別）可以在沒有語言行為和身體行為的情況下進行，但語言行為和身體行為卻不能在沒有意識活動的情況下進行。

20. 引滿能招業力牽

【語釋】

意識的活動，可以造成引業和滿業，而此二業的力量，會以總報和別報的方式，把眾生引領到對他們來說恰當的居處。

【章旨】

通過"引業"和"滿業"這對概念的提出，這一句旨在示明佛教經論中的因果報應思想。

【注釋】

引滿：指"引業"和"滿業"。"引"是牽引、引生的意思，所以也叫牽引業。"滿"是圓滿、究竟的意思，所以也叫圓滿業。

"業"（karman），是指行為、所作、行動、作用、意志等身心活動，它同時也包含這些活動所導致的結果。佛教經論中也將此解釋為"造作"。這裡也可以用現代現象學的術語、即一個德文動名詞來概括它，即 Leistung。它既可以被譯作動詞的"功能"，也可以被譯作名詞的"成就"，因為 Leistung 一詞在德文中便包含"功能"和"成就"這兩種含義。

佛教的經論主張，凡人的一生中進行著無數的思想、行為，它們都屬於各種"業"，如善業、惡業、邪業、正業等等。而其中最為重要的就是"引業"，與之相對的是"滿業"。

"引業"和"滿業"的區別可以通過"業報"或者說"業果"來

說明，即是說，通過它們所導致的因果報應來說明。"引業"能夠將眾生分等，招感未來世於鬼、畜、人、天等諸趣之果報。也就是說，能夠導致我們生而為人的業，便是"引業"。它是能夠引出"總報"（即總體回報）的業。相對於此，所有其他諸業，能夠決定六根具足與否、身體的強弱、壽命的長短，以及其他貧富貴賤等各各差別之果報，則稱為滿業。即是說，能夠導致我們為男為女、為貧為富、為美為醜、為全為殘的業，便是"滿業"。它是只能導致"別報"（即個別回報）的業，但卻是眾生得以完滿的業，所以稱作"滿業"。

世親在其《俱舍論》說："一業一引生，多業能圓滿。"

業力：指業的力量。例如善業有生樂果的力量，惡業有生惡果的力量。

21. 發起初心歡喜地

【語釋】

第六識轉識成智的過程，起始於帶著最初的心意進入最初的修道階位——歡喜地。

【章旨】

這裡開始"意識頌"的第三頌，也是對第六識的最後一頌。這一頌說明第六識在轉識成智過程中所起的作用，同時說明這個過程的基本特徵。這裡的第一句主要是點出這個過程的出發點。

【注釋】

發起：指最初的發生，這裡特指意識的最初發生。通常也有"一念發起"的說法。

初心：navayāna-saṃprasthita, 指初地入心，也被稱作"初發意""初發心""新發意""新發心"。它在這裡意味著：剛剛懷有轉識成智之意，尚未得以深行之心。

之所以說"初地入心"，是因為這裡涉及下面要解釋的"修行十地"的第一地——"歡喜地"，故而稱作"初地"；而"入心"則是指，"十地"由初地到十地，每地都再按順序分為"入心""住心""出心"三心；這裡涉及的是初地的入心，所以稱作"初地入心"。它是"十地"的開端之開端。而修行到"十地"的出心時，便達及"十地"的終結之終結，稱作"十地出心"，又稱"十地滿心"。

歡喜地：pramuditā-bhūmi, 也簡稱為"初地"，因為它是"十地"之初地。

"地"（bhūmi），有住處、住持、生成的意思。佛教諸派對它的理解和稱呼不盡相同。佛教中聲聞乘、緣覺乘、菩薩乘各有不同的十地之說。

這裡所說的"十地"，是指大乘菩薩道的十個修行階位，即是說，進行菩薩修行需要親證的十個階位。它們一方面與修法有關，一方面與斷障有關。這十種階位也叫"十住"。玄奘《成唯識論》卷九中說，"此十地依次修習施、戒、忍、精進、靜慮、般若、方便善巧、願、力、智"。更具體地說，這裡以"歡喜地"為始的菩薩乘"十地"分別為：

一、"歡喜地"：修佈施，斷異生性障；

二、"離垢地"：修持戒，斷邪行障；

三、"發光地"：修忍辱，斷暗鈍障；

四、"焰慧地"：修精進，斷微細煩惱現行障；

五、"難勝地"：修靜慮，斷下乘般涅槃障；

六、"現前地"：修般若，斷粗相現行障；

七、"遠行地"：修方便善巧，斷細相現行障；

八、"不動地"：修願，斷無相中作加行障；

九、"善慧地"：修力，斷利他中不欲行障；

十、"法雲地"：修智，斷諸法中未得自在障。

一切佛法，都依這個順序得到印證，由淺到深。一切障礙，也都按這個順序得以斷滅，由粗至細。因此，修行的過程，亦即證法斷障的過程，開始於"歡喜地"，終結於"法雲地"。

在這個的過程和階段的劃分中，"歡喜地"雖然只是十地之中的第一地，只意味著菩薩修道之原初開端；但這個位置在修行菩薩的過程中極為重要，它被看作是超凡入聖的關鍵。

由於在對第十一句的解釋和說明中論及唯識學的"修行五位"，因此，"修行十地"與"修行五位"的關係還需要在此略加說明，這兩種修行階位的命名和排列，在玄奘的《成唯識論》卷九、卷十中都曾出現。玄奘在這裡主要論述唯識學的修行理論，首先是在卷九中闡釋"唯識修行五位"中的前四位：第一資糧位、第二加行位、第三通達位和第四修習位。

直至論及第四修習位時，"十地"的階位纔進入討論範圍。"十地"在這裡被看作是菩薩修行的十個階段。在這些階段上的主要任務就是：證得二種轉依、斷除俱生二障（"煩惱障"和"所知障"，詳見後面對第二十二句的解釋），達到無分別智（參見前面對第九句的解釋）。這種轉智斷障的過程是在十個階位上逐步發生的，具體還包括："修十勝行，斷十重障，證十真如。二種轉依由斯證得"。

在這個過程完成之後，修行便進入第五究竟位。

由此可見，在玄奘的學說中，"修行十地"是唯識學"修行五位"中的一個組成部分，即包含在第四修習位中的一個分段過程。這個過程主要用來斷除俱生的二障。後面第二十二句也在很大程度上印證了這一點。

但是，對"修行十地"與"修行五位"的關係還有其他的解釋，即便在唯識學內部也不統一，這主要是因為佛教各宗各派對"修行五位"和"修行十地"的解釋不能一致。

22. 俱生猶自現纏眠

【語釋】

但在第六識的這個最初修道階位上，雖然那些後天習得的謬誤與煩惱已經被破除，與生俱來的謬誤與煩惱卻仍然還在當下地起作用。

【章旨】

這一句說明，在修行過程中，與後天獲得的迷惑和煩惱相比，與生俱來的迷惑和煩惱尤其難以斷除乾淨。

這裡需要指出一點：與"去障"或"斷障"相似的概念，在古希臘哲學的存在論以及現代西方哲學的存在論中都曾出現過，如巴門尼德（Parmenides）和海德格都曾提到過的"無蔽"（aletheia）或"解蔽"（Entbergung）意義上的"真理"概念。雖然在術語上有所不同，但在基本取向上，西方哲學中的"去蔽求是"和佛教哲學中的"斷障見性"是基本一致的。

在佛教經論中，"障"（āvaraṇa），是指障礙，即對聖道的遮蔽，對解脫和覺悟的妨礙。大乘唯識宗主張，最主要的障礙是兩種："煩惱障"與"所知障"。煩惱障之所以形成，是因為眾生以我執為根本，從而生出各種煩惱，故而使眾生無法現證涅槃，超越生死；所知障是因為眾生以法執為根本，從而生出各種迷惑，故而使眾生無法認清菩提，悟得智慧。

【注釋】

俱生：是"俱生起"的簡稱，指先天的（a priori）、與生俱來的、隨生命出現而出現的。這裡意味著"俱生惑"，即與生俱來的迷惑和煩惱。它包括俱生之我執、俱生之法執、俱生之煩惱障，俱生之所知障等等。

與"俱生起"相對的是"分別起"，後者是指後天（a posteriori）獲得的迷惑和煩惱。

"分別起"的特點是因為性質強烈，所以相對容易斷除。"俱生起"的特點則是因為性質微細，所以極難斷滅。

現纏眠：是指當下處在"纏縛"與"隨眠"兩種煩惱狀態中，煩惱的現行是"纏"，煩惱不現行／種子狀態是"隨眠"。

如前所述，一切佛法都依"修行十地"的順序發生，由淺到深。一切障礙，也都按這個順序斷滅，由粗至細。因此，修行位開始於"歡喜地"，終結於"法雲地"。在開始階位上，俱生的二障仍然在起作用。只有在達到十地的滿心時，俱生的二障纔能得以根除。

23. 遠行地後純無漏

【語釋】

只有在經過了十地的前六地，達到第七地之後，第六識纔能達到完全清淨純真、沒有煩惱的境界，轉為妙觀察智。

【章旨】

這一句具體指明轉識成智過程中的一個步驟：在達到第七地之後，俱生的煩惱不再現行，修行者進入自如的狀態，無須强制，這便是純無漏。至此，第一位轉智得以完成：第六識轉為妙觀察智。

【注釋】

遠行地：dūraṃgamā-bhūmi，也譯作"深行地""深入地""深遠地"。"遠行"的意思是遠離三界。"遠行地"是"十地"之一（參見前面對第二十一句的解釋），排列第七：歡喜地、離垢地、發光地、焰慧地、難勝地、現前地、遠行地、不動地、善慧地、法雲地。

無漏：也就是指無煩惱（參見前面對第十一句的解釋）。

24. 觀察圓明照大千

【語釋】

只有在達到圓明的境界之後，妙觀察智纔能真正做到普照大千世界。

【章旨】

前一句和這一句的涵義可以與第十一句的涵義相互比照。如前所述，轉識成智的最終結果在於：將凡夫有漏的八識成為佛的四智，即轉第八識為大圓鏡智，轉第七識為平等性智，轉第六識為妙觀察智，轉前五識為成所作智。即是說，四智到佛果位纔圓滿，但生起順序不同。第十一句所論的"無漏"與前五識的轉智相關。而前一句的"無漏"與第六識的轉智相關，即在達到十地的前七地之後，有漏的意識已經成為無漏的妙觀察智。但在這一句和第十一句中的"圓明"都是指同一個："究竟位"上的清淨圓明境界。因此，在這裡對第六識的轉智描述，以及在第十句和第十一句中前五識的轉智描述，都是對四智中任一單獨的、也是階段性的智慧的限定，同時又是對唯一最終佛果的強調：只有通過修行達到了最終成佛的境界，所有的八識纔會轉變為無煩惱的智慧。

【注釋】

觀察：是"妙觀察智"的簡稱，它是第六識轉變的結果。

圓明：是指圓明的境界（參見前面對第十一句中的"圓明"的兩種解釋）。

大千：是"大千世界"（mahā-sahasra-lokadhātu）的簡稱。源自古代印度人的宇宙觀：古代印度人以四大洲及日月諸天為一小世界，合一千小世界為小千世界；合一千小千世界為中千世界；合一千中千世界為大千世界。因此也有"三千大千世界"的說法。

第七識頌（25—36句）

25. 帶質有覆通情本

【語釋】

就第七識而言，它的對象既含有實相，也含有虛相，它的本性是有染污的無記性，這些對象和本性是與自我主體的迷情和本質相聯通的。

【章旨】

這裡開始的四句是"七識頌"的第一頌。第七識也被稱作"末那識"。"末那"是對梵文 manas 的音譯，原意為"意"，即"思量"。在梵文中，它與第六識的"意識"是同一個詞。為了將第六識和第七識區別開來，前人翻譯第六識時採取 manas 的意譯，翻譯第七識時採取 manas 的音譯。

雖然第七識與第六識的意思都是"思量－了別"，但彼此之間存在著根本的區別：

其一，第六識，甚至可以說全部前六識，都是以外境為對象，易言之，都是指向外部客體的：前五識可以說是"感覺"（sensation），第六識可以說是"外感知"（external perception）。第七識與前五識不同，它是"內感知"（internal perception），以內在"自我"為其"對象"。

其二，第六識的思量時斷時續，第七識則綿綿不斷，即恒常在審察，恒常在思量。而且這種審察思量是以自我為對象，並且有四個根本煩惱（我癡、我見、我愛、我慢）跟著它，所以我執的成見很深，即是說，對自我的執著很深。佛教的經論認為，許多煩惱便是因為這末那識的執著而生起的。

其三，第六識的成立須以前五識（包括相關的五根五境）為前提，第七識則須以第八識為前提。

從西方哲學的角度來看，第七識的思量與 R.笛卡爾"我思故我在"所得出的結論相關：它是一種對自我的反思性的思量，即相當於笛卡爾對"我在"（sum）的思考。而第六識則基本上是一種笛卡爾意義上的"我思"（cogito），即始終伴有"我"的思考（參見後面對第八識頌的解）。

這裡的第一句討論第七識的相關對象。

【注釋】

帶質：是指"三境"之一的"帶質境"。其餘的兩境為"性境”和“獨影境”，亦即“實境”和“虛境”，用今天的概念來表述就是：實在的對象和虛幻的對象（參見前面對第一句的解釋）。“帶質境”是間於實境和虛境兩者之間（也可以將它稱作“實虛境”），它是在一定程度上依仗實境、但同時借助內心的作用而產生的境界。

第七識的對象是帶質境，因為它的對象是自我，自我是由迷惑之心與自我本質這兩個部分組成的。

有覆：是指“有覆無記”（nivṛta-avyākṛta）。“有覆無記”是“三性”之一的“無記”的一種。所謂“三性”，就是“善性”“惡性”和“無記性”（或“中性”）。

“無記”（avyākṛta）共分兩種：“有覆無記”和“無覆無記”。它們都是非善非惡，但“有覆”是指“有染污”。第七識便是有覆無記，因為它與貪、癡、見、慢四種煩惱相應而起。第八識則是“無覆無記”，即是說，第八識是“無染污的”無記。

通情本：意味著既通“情”，也通“本”，即是說，迷情和本質兼通。

“情”，在這裡是指“迷情”，即迷惑之心，也可稱作“迷心”。常人、凡夫不知萬有的實相，而執著於客觀的事物，因此妄念不絕，所以常人、凡夫之心被稱作迷情。第七識的對象是自我，當然也就與“迷惑之心”相通。

“本”，在這裡是指“本質”。它與“影像”相對應，是影像背後的依託，是實相。由於第七識的對象是自我主體，自我主體也有“影像”和“實相”之分：它的“影像”可以稱之為“情”，它的實相則被稱作“本”。

26. 隨緣執我量為非

【語釋】

第七識所指向的對象是執著的自我，對這個對象的知識並不是真正意義上的知識。

【章旨】

這一句討論第七識的相關對象的特有性質。雖然第七識是心識活動之一，並且具有自己的意向對象：執著的自我。但通過第七識所獲得的知識仍然不是真知識，因為第七識不能感知自我的總體，無法瞭解自我的真相，因此不是現量；第七識也不能推斷出自我，所以也不是比量。

現代西方哲學也是在這個意義上反對自笛卡爾以來的"主體形上學"或"自我形上學"趨向。自近代以來一再得到弘揚的個體自我的存在和權利，在兩次世界大戰之後的人類反省中越來越被看作是虛妄的、人為的誇張。

【注釋】

隨緣：是指"隨其所緣"，即依照它所指向的對象。

呂澂在論述陳那的《觀境論》(即《觀所緣論》)時曾指出，"陳那說的'所緣'就是'境'，此境不是在心外。陳那認為，能夠稱得上'所緣'的應具備兩個條件：一、'有實體，令能緣識，托彼而生。'""二、'能緣識，帶彼相起。'"

這個意義上的"緣"（pratyaya），有"攀緣"的意思，亦即向著某個方向而運動和作用。人的心識各有其攀緣的對象。例如眼識攀緣顏色對象，身識攀緣觸覺對象，如此等等。因而唯識學將心識也稱作"能緣"，將它的相關對象稱作"所緣"。據此，"緣"在這裡就是指：心識所具有的指向相關對象的作用。

用現代現象學的術語來說，也就是意識所具有的"意向性"（intentionality），即指向對象、構造對象的能力。現代哲學家B.布倫塔諾把它視為區別心理現象和物理現象的一個基本要素。

執我：執著的自我。用今天的語言來說，"執我"就是對象化的、實體化的自我。唯識學認為，"我"實際上是第八識的意向活動，並非是執著的自我實體，但第七識把這個意向活動的"我"構造為意向對象的"我"。因此，第七識是把非對象、非實體的"我"當作了"對象的""實體的""我"。這正是第七識的特點所在。玄奘在《成唯識論》卷一中把所有關於"我"的偏見歸為三類，"諸所執我略有三種：一者執我體常周遍，量同虛空，隨處造業受苦樂故；二者執我其體雖常而量不定，隨身大小有卷舒故；三者執我體常至細如一極微，潛轉身中作事業故。"這三種執我的偏見都在於把"我"這個"非常"看作是"常"。

唯識學在這裡對第七識的觀察和描述，幾乎完全適用於對笛卡爾從"我思"（cogito）中得出"我在"（sum）的沉思過程的觀察和描述。

量為非：是指第七識的知識為"非量"。

"非量"是三種知識類型之一。其一為現量，即通過感知得來的直接知識；其二為比量，即通過想像、推論得來的間接知識（參見前面對第一句、第十三句的解釋和說明）。

"非量"意味著"非知識"，或者也可以說，形上學的知識。

27. 八大遍行別境慧

【語釋】

能夠與第七識相關聯的有十八種心理現象，這裡列出前十四種：八種大隨煩惱心所、五種遍行心所和別境心所中的一種——慧。

【章旨】

前面曾經提到與八識（心王）相伴相隨的五十一種心理現象（心所）。這一句與下一句緊密相聯，指明與第七識相關的十八個心所，即十八種心理現象。

【注釋】

八大：指八種"大隨煩惱"的心所。

"隨煩惱"（upakleśa），被稱作"枝末煩惱"，這是相對於作為"根本煩惱"的"煩惱"心所而言。"隨煩惱"共有二十種（參見前面對第十五句的解釋）。按照《成唯識論》的說法，這二十種"隨煩惱"又可以再分為三類，所以也稱作"三隨煩惱"，即：

一、"小隨煩惱"，指忿、恨、覆、惱、嫉、慳、誑、諂、害、憍等十種；這十種煩惱是各別產生的，稱為"小隨煩惱"。

二、"中隨煩惱"，指無慚、無愧；這二種煩惱是與所有不善心一起產生的，稱為"中隨煩惱"。

三、"大隨煩惱"，指掉舉、惛沉、不信、懈怠、放逸、失念、散亂、不正知等八種；這八種煩惱隨所有的染污心一起產生，而輾轉與小、中隨煩惱俱生，所以稱為"大隨煩惱"。

"八大"在這裡是指第三種"大隨煩惱"。

遍行：指五個"遍行"心所：觸、作意、受、想、思（參見前面對第十五句的解釋）。

別境慧：指"別境"心所（參見前面對第十五句的解釋）中的"慧"心所。

28. 貪癡我見慢相隨

【語釋】

其餘能夠伴隨第七識產生的四種心理現象分別為：我貪、我癡、我慢、我見，它們是四種"根本煩惱"。

【章旨】

在與第七識相關聯的十八個心理現象中，上一句涉及十四個，這一句涉及剩餘的四個：我貪、我癡、我見、我慢。

這十八個心所都與第七識相關聯。但確切地說，只有其中的十二個心所纔可以說是由第七識所導致的，或者說，與第七識相伴相隨的（參見後面對第三十一句的解釋）。這裡說的是其中最根本的四個。

【注釋】

貪癡我見慢：也就是"貪""癡""見""慢"，是"煩惱"心所中的四種。

"煩惱"（kleśa），也被稱作"根本煩惱"，這是相對於作為"枝末煩惱"的"隨煩惱"心所而言。"煩惱"共有六種：貪、嗔、癡（無明）、慢、疑、見（惡見）（參見對第十五句的解釋）。

"貪"（rāga），也稱作"愛"（tṛṣṇā），兩者是同義語。欲界的貪欲是欲貪或欲愛。色界的貪欲是色貪，無色界的貪欲是無色貪，此後二者也稱為有愛。貪欲就是對所喜好對象的愛著。

"瞋"（dveṣa），是指對不喜歡的對象的反抗、拒斥與瞋恨。附著於它的隨煩惱是"忿""恨""害"等等。

"慢"（māna），是指抬高自己輕視他人，以自我為中心的心情。與之相近的"隨煩惱"是"驕"（mada）。"慢"是與他人比較而後產生的自豪，"驕"是未經比較而本身就有的自豪。

"癡"（moha），相當於"無明"（avidyā），是指愚癡的狀態，執著於自我之中心，不明白真正的道理，也無法辨別邪惡。

"見"（dṛṣṭi），這裡指的是"惡見"，意味著一切邪惡的見解，一切錯誤的想法。對此有各種劃分：如六十二見，二見、七見、五見等等。唯識學所區分的"五見"為"五染污見"：一身見，二邊見，三邪見，四見取見，五戒禁取見。

"疑"（vicikitsa），是指對人生的真諦和佛教的基本主張抱有懷疑態度。

29. 恒審思量我相隨

【語釋】

第七識是恒常的審慮思量，並且始終伴隨著自我。這意味著，它既是從自我出發的恒審思量，也是以自我為對象的恒審思量。

【章旨】

這裡開始"七識頌"的第二頌。這一句討論第七識的心識活動本身的特徵，尤其是它不斷地審決思量自我的特徵。這也是凡夫眾生一味地執著於自我的根源所在。

【注釋】

恒審：一般説來，它是指反復不斷地審查、考慮。這是第七識唯獨具有的特徵。因為一般説來，第八識雖然不間斷，但並不是審慮，因而恒而非審；第六識雖然是審慮，卻有間斷，因而審而非恒；而前五識則既不是審慮，也有間斷，因而非恒非審。惟有第七識，既恒又審。

但是第七識的"恒"，還可以具有另一個意思：它不僅是指這個意識活動的反復不斷，而且也可以意味著"我"在這個意識活動中始終在場。也就是説，一旦第七識產生，自我也就恒常地存有，並且伴隨著所有的心識活動。

思量：是"意"（manas）的本來意思。

我：ātman, 音譯"阿特曼"。原來的意思是"呼吸"，後來引申為生命、自己、身體、自我、本質、自性等等。

30. 有情日夜鎮昏迷

【語釋】

正是由於第七識始終執著於自我，因而各種生命體（眾生）每時每刻都處於沉迷不覺的狀態，無以自拔。

【章旨】

這一句説明，由於執著於自我而產生的結果。自我一旦形成，便有你－我之分，主－客之別。這是眾生一切煩惱和困惑的產生源泉。

現代西方哲學中也有類似的思考。許多現代思想家認為，對自我和個體主體地位的誇大與執著，是導致自近代自笛卡爾以來所形成倫理學上的極端個人主義、認識論上的極端主體主義以及世界觀方面的人類中心主義得以產生的理論根源和基本依據。

【注釋】

有情：sattva，是指有情識的生物，包括人類、諸天、餓鬼、畜生、阿修羅等，在這裡意味著一切眾生。

日夜：是指時時刻刻、恒常不斷，無論醒時睡時。也有人解釋為"生死"。

鎮：是指常住、常守、永遠。

昏迷：是指迷醉、沉迷、無覺的狀態。

31. 四惑八大相應起

【語釋】

隨著自我在第七識中的形成，四種根本煩惱和八種隨煩惱也會與之相應地出現。

【章旨】

前面第二十七句已經指出，與第七識直接相關聯的只有十八種心理現象。這一句再次列出十二種與第七識同時產生的心理現象（即四種根本煩惱和八種隨煩惱）就有特別的用意。它與後一句緊密相接，說明第七識被稱作染污識的原因。

其餘未提及的六種心理現象是五個"遍行"心所（參見前面對第十五句的解釋）以及"別境"心所（參見前面對第十五句的解釋）中的"慧"心所。它們是第七識產生的前提或工具，而不是由第七識所引起的結果，因此這裡並不提及。

【注釋】

惑：是指迷惑、不解。它與"煩惱"是基本同義的。"四惑"也就是四種根本煩惱，即煩惱心所中的前四種：我癡、我見、我慢、我愛（參見前面對第二十八句的解釋）。

八大：即八種大隨煩惱的心所：掉舉、惛沉、不信、懈怠、放逸、失念、散亂、不正知（參見前面對第二十七句的解釋）。

相應：是指"契合"的意思。它至少可以具有四種意義，或者說，有四種解釋。對此可以參閱前面對第十五句的解釋。

32. 六轉呼為染淨依

【語釋】

前六種轉識把第七識稱作"染淨依"，因為前六識以第七識為所依的條件或根據，第七末那識是否處在清淨的境界，決定了前六識是清淨還是染污。

【章旨】

這一句指明第七識的兩個基本性質：

其一，第七識是"染污識"。由於四種根本煩惱和八種隨煩惱的伴隨出現，使得第七識變為染污識，所以末那識也被稱作"染污意"。

其二，第七識是"轉識"。唯識論認為，所有八識中，惟有第八阿賴耶識是"本識"，其餘七識都是"轉識"。

由於第二點不僅僅涉及心識的基本因素和它們之間的聯繫規律，而且同時涉及心識的發生、變化的基本法則，例如涉及"三能變"法則，因此，這裡實際上已經進入到唯識學的發生學研究領域。

【注釋】

六：在這裡不是指第六識，而是指所有前六識。"轉"，原義是轉變、改轉、轉起、轉易。這裡用來簡稱"轉識"。因此,"六轉"意味著前六種轉識。

"轉識"一詞,在前面與"轉識成智"或"轉識得智"的修行、修道過程有關,即轉有漏的八識為無漏的四智。

在這裡,"轉識"則是指除第八識以外的前七識,即眼、耳、鼻、舌、身、意、末那等前七識。它們都以第八阿賴耶識為依據,都是第八識轉變的結果。因此,在這個意義上,第八識也被稱作"本識",其餘七識則被稱作"轉識"(pravṛtti-vijñāna)。

前七識雖然同稱"轉識",但彼此間又有相生為依的關係。如第六識以第七末那(意根)為所依,第六意識得以生起。前五識又以意識為所依(分別依),前五識得以生起。因此,前七識對本識而言,稱七轉識;前六識對末那識而言,稱六轉識,這是以前六識的染淨轉易而說的。因為前六識的轉染、轉淨,都受到末那識的影響。

最後還需要說明的是"轉識"的最後一個含義:能夠轉變的心識。在這個意義上,所有八識都是"轉識",因為它們都能轉變自身。唯識學將心識的所有八識分為"三能變":

第一能變的是第八阿賴耶識。唯識學認為,阿賴耶識是由以往的善惡行為積累所致,它就像種子,最終會導致成熟的結果,產生出一切有漏、無漏、有為等諸法功能,所以第八識也被稱作"種子識""異熟識"等等;第八識的變化能力也被稱作"異熟能變"。對此,後面在解釋第八識頌時還會進一步說明。

第二能變的是第七末那識。由於末那識不斷的執著於自我,持續地進行恒審思量,然後境界纔能存在,所以第七識也被稱作"思量能變"。

第三能變的是前六識。這是說，雖然七八兩識，具有能變的性能，然而若沒有前六識依據前六根（五種器官組織，以及作為意根的末那識），區別出六種感官對象，那麼各種境界也就不可能成立，所以前六識也被稱作"了別能變"。

呼為：即"稱之為"。

染淨："染"或"染污"（kliṣṭa），是"煩惱"的別稱。"淨"，是"清淨"（śuddha）的簡稱，也就是無染污，遠離因惡的過失而招致的煩惱。在第七識階段上，"淨"特別用來說明第七識本身的見分、相分能與自證分完全相應，將自我視作它本身所是，不做任何附加誇張（關於見分、相分、自證分、證自證分的唯識學四分說，可以參見前面對第九句的解釋）。

依：āśraya，指依止、依憑。可以分為"能依"和"所依"。依賴、依憑者，稱為"能依"；被依賴、被依憑者，稱為"所依"。

33. 極喜初心平等性

【語釋】

與第七識相關的修行，從進入初地第一剎那的心進入歡喜地，直至最後轉識成智，獲得平等性智。

【章旨】

由這一句開始"七識頌"的第三頌，也是最後一頌。與前面兩組頌，即前五識頌和第六識頌的情況一樣，每組的最後一頌都涉及轉識成智的修習說明。

【注釋】

極喜：是指"十地"（大乘菩薩道的修行階位）之中的初地

"歡喜地"的異稱（參見前面對第二十一句的解釋）。

初心：是指剛剛懷有轉識成智之意、尚未得以深行之心（參見前面對第二十一句的解釋）。

平等性：是轉第七末那識而獲得的智慧，即"平等性智"（samatā-jñāna）的簡稱。它意味著一個特殊的智慧階段，在這個階段上，修行者體悟到自己與他人是平等的，從而具有大慈悲心。

34. 無功用行我恒摧

【語釋】

在進入到第八地"不動地"的修行階段時，無須刻意的舉止和做為，自我之相便已經被恒久地摧毀。

【章旨】

這一句仍然在說明修習的進程，指出在此過程中，人為的努力和自在的境界屬於修行的不同階段，以及它們之間的根本分別。在八地之前，修行者雖然能夠達到真如之境，但仍須時刻作意檢點，要求自己不可失念，從而並不能做到隨心自在。而在八地以上，修行者則完全可以處在自如的無漏狀態，無須刻意用心。因此這時獲得的真知，也被稱作"無功用道"。

此句也有版本作："無功用地我恒摧"。兩句的意思無根本差異。

【注釋】

無功用：an-ābhoga，也簡稱為"無功"，指不借功用，即不加人工的造作，完全是自然的作用。它在這裡特別是指"十地"中的第八地：不動地。

行：是施行、進行的意思。

35. 如來現起他受用

【語釋】

在這個修行階段上，如來會以"他受用身"的形相宣示自己，現種種形，說種種法，從而使他者受用大法樂。

【章旨】

這一句與下一句緊密相連，具體說明在修行過程中，佛是以何種形式、何種形相現身，以及為哪一個階段上的修行者現身。

具體地說，在第七識的階段上，當它轉為平等性智時，佛便會以"他受用身"顯示微妙淨功德身。永明延壽《宗鏡錄》卷八十九的說法與此相符：他舉出轉三心可得三身之說，即："轉滅三心得三身。一根本心，即第八識，轉得法身。二依本心，即第七識，轉得報身。三起事心，即前六識，轉得化身。"這裡所說的"報身"，就是"受用身"。

【注釋】

如來：tathāgata，佛的十個稱號之一，即佛的尊稱。它也可以被稱作或翻譯為"如去"。這是因為，根據梵語連聲規則，tathāgata 既可以分解為 tathā-gata（如－去），也可以分解為 tathā-agata（如－來）。前者可以解釋為：乘真如之道朝向佛果涅槃而去，因此叫做"如去"；後者可以解釋為：由真如而來（如實而來），而獲得最終真正覺悟，因此叫做"如來"。

現起：是指光明的發出、形相的顯現。這裡意味著，佛為感化和增益眾生所示現的身相。有多種説法，例如法身、報身、應身的三身，或清淨法身、圓滿報身、自性化身的三身，還有法身、應身、化身的三身等等。這裡的身相之"現起"是指唯識學所説的三身：自性身、受用身、變化身稱為三佛身。此即法、報、化或法、應、化三身。關於三身的各個説法可以説是名異實同，或者説，是對 dharmakāya, saṃbhogakāya, nirmānakāya 的不同翻譯：

一、"自性身"，亦即"法身"或"法性身"，是指常住不滅、人人都本來具有的真性，不過我們眾生迷而不顯，惟有覺悟者纔覺而證得。——"自性身"可以説是"本體之身"。

二、"受用身"，亦即"報身"，是指由佛的智慧功德所成的結果之身，指圓滿一切功德，住純淨之土，恒受用法樂之身。它有自受用身和他受用身的分別。在下面的注釋中還會對此予以説明。——"受用身"可以説是"起用之身"。

三、"變化身"，亦即"應身"或"應化身"。佛以不可思議的神力，顯現無窮變化，為未登地諸菩薩眾及二乘等，稱其機宜，現通説法。——"變化身"可以説是"顯現之身"。

他受用：即是指"他受用身"。在如來所示現的三身中，"受用身"又分為"自受用身"和"他受用身"兩種："自受用身"是指自身能受用廣大法樂的佛身，"他受用身"則是指並能令其他眾生受用廣大法樂的佛身。

36. 十地菩薩所被機

【語釋】

如來在此以他受用身向十地菩薩示現，只有達到十地的修行者纔有緣得到教化。

【章旨】

前一句和這一句的要旨在於說明：只有在達到一定境界後，纔能證得真如，纔能窺見佛的報身。因此，如來的示現，是針對特定對象的。感悟和親證，須得在達到一定境界後方可發生。

【注釋】

十地：是指菩薩道修行者所悟證的十個階位（關於"十地"，具體可以參見前面對第二十一句的解釋）。"十地菩薩"，是指已經達到第十地的菩薩道修行者。由於業已經過了前面所有九個階段，因而十地菩薩對佛道的感悟應當是最大最深。

所被機："被"，是指躺臥時覆蓋身體的對象，如被子、被單等等。在這裡與"覆蓋"有關，轉義後與"關懷"有關。"被"有"能被"和"所被"之分：前者是主動態，後者是被動態。

"機"，如前所述，在佛教經論中是指根機、機緣等等，也就是指具有遇緣而發動的可能性，也就是可以接受佛陀教法的素質、能力。

"所被機"，是指可被教化的機緣。

第八識頌（37—48句）

37. 性惟無覆五遍行

【語釋】

就第八識而論，它的本性既非善、也非惡，而且也沒有染污，因此與它相應的性相只是無覆無記，與它相伴而起的心理現象只是五種遍行的心所。

【章旨】

由這一句開始最後一組頌，即"八識頌"，也就是對第八識的頌。全組共十二句，仍分為三頌。

第八識也叫"阿賴耶識"。"阿賴耶"是梵語"ālaya"的音譯，意思是"藏"。原來是指貯藏物品的倉庫，可分為"潛藏""貯藏""執藏"三意，或者也可以說"能藏""所藏""執藏"三意。因此，第八識也被譯作"藏識"或"宅識"，並且帶有這三種原初的含義（後面還會涉及這三種含義之間的根本區別的問題）。

除了音譯"阿賴耶識"和意譯"藏識"之外，第八識還有其他的稱號。《成唯識論》卷三曾給出第八識的七個名稱：心、阿陀那、所知依、種子識、阿賴耶、異熟識、無垢識。後人還為它加上初能變、根本識、根本依、如來藏、神識、本識等名稱。

第八識是所有八種心識中最重要的一識。它不僅是前七識的根本（前七識由第八識的種子生起），甚至也是宇宙萬法的本源。同時，第八識也是理解唯識學的一個關節點。太虛曾說，"唯識宗之勝點，即在第八識，明此阿陀那識，即自明一切法唯識。""此識為聖凡總依，真妄根本，唯識宗義，恃此以明。"

起初的印度佛教小乘部派只是區分眼識、耳識、鼻識、舌識、身識、意識等前六識。以後大乘佛教中的瑜伽行派則認為，在前六識的深處，有不斷生死輪回、並且持續活動的根本心，並且將這種根本心稱之為"阿賴耶識"。最先提到"阿賴耶識"的是《解深密經》。再後，唯識學派興起，不僅把阿賴耶識的觀念看作輪回的主體，同時也提出種子學說，用種子的觀念來說明善惡業果的傳接和延續。因此，阿賴耶識也被稱作"種子識"。在這些概念名稱中，第八識的基本性質得到表露。對此還可以參閱後面對第四十句的解釋。

這裡的第一頌仍然以對第八識的基本要素和基本特徵之描述為開始。

【注釋】

性：是指一切存在的本性與狀態（性相）。從其有無或假實之立場分成三種，稱為"三性"：善、惡、無記（參見前面對第一句的解釋）。

覆：是指"遮蔽""覆蓋"。"無覆"便是無覆蓋、無遮蔽。它是"無記"的一種，全稱"無覆無記"（anivṛta-avyākṛta）。

"無記"可以說是非善非不善的"中性"。可以分為"有覆無記"與"無覆無記"。前者是指有染污的、能遮蔽聖道的無記，或使心性不清淨的無記；後者則相反，沒有染污，不會遮蔽聖道，也不會使心性不清淨。

在"無覆無記"中，還可以區分出"異熟無記""威儀無記""工巧無記""通果無記"等四種。

五遍行：指五種遍行心所，即五種可以伴隨所有八種心識一同產生的心理現象，因此具有普遍性，即"觸""作意""受""想""思"（參見前面對第三句的解釋）。

38. 界地隨他業力生

【語釋】

第八識中性地接納一切善惡的有漏種子，因此，根據以往行為、思想的善惡，眾生可以被安排在三界九地的任何一界、任何一地之中。

【章旨】

這一句事關佛教經論中的因果報應思想，涉及業力和業果的內在聯繫，說明通過第八識的貯藏、傳遞，以往的行為、意志活動會導致當今的苦樂結果。這種果報具體表現為：如果修十善，來世便生為天；如果修五戒，來世便生為人；如果修十善，但仍有嗔、慢、疑、見的習氣，來世便生為阿修羅；如果作十惡業，來世便入地獄；而如果在癡業方面特別偏執，來世便生為畜生；最後，如果在慳、貪、嫉方面特別偏執，來世便生為餓鬼。

【注釋】

界地：指"三界"和由此而進一步區分出的"九地"：

"三界"為：1."欲界"，2."色界"，3."無色界"（還可以參見前面對第十四句的解釋）。

"九地"為：1."五趣雜居地"（這一地屬"欲界"）；2."離生喜樂地"，3."定生喜樂地"，4."離喜妙樂地"，5."捨念清淨地"（這四地屬"色界"）；6."空無邊處地"，7."識無邊處地"，8."無所有處地"，9."非想非非想處地"（這四地屬"無色界"）。

隨他：在佛教經論中一般用來指"隨他意"，即隨著他人的機緣而說的方便教法。但在這裡則特別用來說明：根據各人的情況或機緣。

業：意思是"造作"。它涵蓋所有行為、所作、行動、作用、意志等身心活動（參見前面對第二十句的解釋）。

"業力"，指業的力量。例如善的行為可以具有生出樂果的力量，惡的行為可以具有生出苦果的力量。一切苦果樂果都是由於原先的所作所為纔導致的。

39. 二乘不了因迷執

【語釋】

即使是聲聞乘和緣覺乘的聖者也只知前六識，而不瞭解第八識。這是因為第八識的形相微細隱幽，難以發現，所以這些聲聞乘和緣覺乘的聖者錯誤地堅持以第六識為心識中的根本。

【章旨】

這一句涉及佛教歷史上的理論分歧。由於第八識（也包括第七識）並非是在原始佛教中一開始就得到確定和主張的心識，但又構成大乘佛學、尤其是唯識學的理論基礎，因此這裡特別對第八識予以強調，並對忽略第八識的做法予以批駁。這與玄奘在《成唯識論》卷十中的說法是一致的："二乘所得二轉依果，唯永遠離煩惱障縛，無殊勝法，故但名解脫身。"

【注釋】

乘：指運載的工具。佛教經論中用它來表示將修行者從迷到悟的運載手段。

"二乘"可以是指"小乘"和"大乘"。

從思想史的發展來看，"大乘""小乘"的說法是在佛祖入滅後一段時期纔出現的。在大乘佛教興起後，由於學說上的對立，大乘佛教徒將原始佛教與部派佛教都貶稱為"小乘"，而把自己的教派和理論稱作"大乘"。今天的學者在使用這兩個概念時已經不帶有貶褒之義，因為事實上"小乘"是"大乘"思想的基礎，"大乘"是"小乘"思想的展開。

從總體的思想內容來看，主張佛為聲聞、緣覺所說之法的佛教學說被稱為"小乘"（hīna-yāna）；主張佛為菩薩所說成佛之法的佛教學說則被稱為"大乘"（mahā-yāna）。

但在這裡，"二乘"則顯然與"小乘"佛教所主張的兩種運載工具有關，即"聲聞乘"和"緣覺乘"。"聲聞乘"是指能到達"聲聞果"的工具和手段（法門）。"緣覺乘"是指能到達"緣覺果"的工具和手段（法門）。這裡的"二乘"，實際上就是指"小乘"佛教。

在佛教經論中，通常把聽聞佛陀聲教而證悟的出家弟子稱之為"聲聞"（śrāvaka），"聲聞"的意思就是弟子。性樂寂靜而不事說法教化的聖者，則通常被稱作"緣覺"（pratyeka-buddha）。"緣覺"的意思就是"獨自悟道的修行者"，在這個意義上，"緣覺"也等同於"獨自覺"。同時，"聲聞"和"緣覺"兩種聖者在佛教經論中也被簡稱為"二乘"。

不了：指不瞭解、不明白。

迷執：指"迷誤地堅持"。

40. 由此能興論主諍

【語釋】

正是因為小乘只承認前六識，而大乘又確定和主張第八識的存在，這纔引發小乘、大乘論主們依據佛典而展開相關的爭論。

【章旨】

這一句緊接上一句，通過交代歷史背景，說明第八識在唯識學中的重要地位，以及唯識學與前人學說的根本差異。

這裡所說的爭論，主要與六識說和八識說的分歧有關。小乘佛教所主張的六識，是指日常經驗中的心識活動，它們各有所依的根和所緣的境。這個主張雖然明瞭直觀，但仍有無常、間斷的心與恒常、持續的情之間的關係問題無法解決。因此，經過長時間的考量，並依據世尊於《解深密經》《大乘阿毗達磨契經》和《楞伽經》中的一些說法，大乘後期的唯識學發展出在六識之外還有本識的學說。論證這一主張的唯識學著作主要有：彌勒的《瑜伽師地論》、無著的《攝大乘論》、世親的《唯識二十論頌》和《唯識三十論頌》、護法等十大論師的《唯識三十頌》釋，以及玄奘糅譯十大論師注釋而成的《成唯識論》。

由此，第八阿賴耶識得以提出，它被理解為一種相續的、恒在的細心。本識論的思想，最後也在釋尊有關細心相續的教說中找到理論根據，例如十八界中的"意界"、緣起支中的"識"支。關於"細心"，印順法師認為，"是受生命終者、根身的執持者、縛解的連系者。它為了業果緣起的要求而建立，它就是生命的本質。"

對此還可以參閱《成唯識論》卷三、卷四中所總結出的第八識之所以成立的十個理由或原因，或者說，對第八識的十種理論證明：

一、根據"持種者"來證明；

二、根據"異熟者"來證明；

三、根據"趣生者"來證明；

四、根據"有執受者"來證明；

五、根據"壽、暖、識三者"來證明；

六、根據"生死者"來證明；

七、根據"緣起依者"來證明；

八、根據"依食者"來證明；

九、根據"滅定心者"來證明；

十、根據"染淨者"來證明。

【注釋】

興：是指發起、產生。

論主：立論的主體，指那些認為有第八識的大乘學說主張者。

諍：是指當意見衝突時，通過爭辯而進行的議論，即"論諍"。今天也作"爭論"。

佛教經論中有"四諍"的區分，指四種違背戒律的情況。定賓在《四分比丘戒本疏》卷下中說明："諍理生諍，名為言諍；求過生諍，名為覓諍；評犯生諍，名為犯諍；羯磨生諍，名為事諍。"即是說，"四諍"分別意味著：

一、"言諍"：即在討論法義、法理過程中發生的諍論。

二、"覓諍"：是指在覓求比丘等人的過失，並令除去過失的過程中而引發的諍論。

三、"犯諍"：是指比丘等人犯過而並未顯露，因罪相難知而評議時所引起的諍論。

四、"事諍"：是指在評議造業、如授戒懺悔的過程中，由於意見不一致所引發的諍論。

41. 浩浩三藏不可窮

【語釋】

在第八識中所保存和包含的貯藏能力、貯藏對象以及貯藏之持續性，就像浩瀚無涯的大海，是無法得到窮盡的。

【章旨】

這裡開始"八識頌"的第二頌。這一句說明第八識的基本性質是由"三藏"共同組成。唯識學發展至今，對於第八阿賴耶識的存在，幾乎已經不像唯識學初起時那樣還存有爭論。但是，對於第八識所具有的這些基本性質，後人的爭論仍然較多。當然，這些爭論也恰恰表明，唯識學所提出的主張是與當代學術思想界所考慮的問題相關聯的。

【注釋】

浩浩：被用來描述博大、深遠、眾多的樣子。

藏：意謂容器、穀倉、籠等。

"三藏"，在佛教經論中有多重含義：

一般是指"三法藏"即佛教聖典的三種分類：經藏、律藏、論藏。與之相關的是三種學說：定學、戒學、慧學。

有時也用來指為聲聞、緣覺、菩薩等三乘人所說的佛法，即聲聞藏、緣覺藏、菩薩藏。

"三藏"也被用來指稱精通三種佛教經典和相關學說的人，亦即"三藏法師"的簡稱。

但在這裡，"三藏"有特別的含義，它是指第八識所包含的基本內容，阿賴耶的基本意義是"藏"，展開便為三：其一為"能藏"，其二為"所藏"，其三為"執藏"。

"能藏"意味著，第八識具有包容和保存一切有漏種子的能力。"所藏"意味著，被保存和包容在第八識中的一切種子。前者與第八識的活動能力（見分、識自體）有關；後者與第八識的相關項（相分、種子）有關。它們構成第八識的兩極，從識自體角度來看，第八識便是"能藏"；而從種子角度來看，它又可以說是"所藏"。

"執藏"則意味著第八識的基本活動特徵，即"執持"，特點是"堅執不捨"。

如果"能藏"和"所藏"表明第八識是一個倉庫和種子的集

散地，那麼"執藏"的性質已經賦予第八識以主體的地位。這個主體與西方哲學中的"超越論主體"（the transcendental subject）有許多相合之處。許多唯識學家特別關注和強調第八識的這個特徵，並因此而更願意把第八識稱為"阿陀那識"（ādāna），即"持識"或"執持識"。

按照《成唯識論》卷三的說法，這些特徵具體表現為："以能執持諸法種子，及能執受色根依處，亦能執取結生相續"。首先，能執取結生相續。這也就是說，第八識是維繫整個生命進程的東西。其次，能執受色根依處。即是說，第八識是前五識所依存者，正因為有了阿陀那識的"執受"，纔使眼、耳、鼻、舌、身能夠"一期相續存在，不散不壞"。在這一點上，阿陀那識的"執"具有了"執受"的特徵。它意味著"執為自體，令生覺受"。最後，能執持諸法種子。"諸法"是指"一切有為法"，包括雜染法和清淨法。"種子"是指各類積累的習性，也可以說是精神作用的可能性，可分為業種和法種。按照《成唯識論》卷三的說法，"種子"與"法"的關係就在於，一切法都是從阿賴耶識中的種子而生，甚至阿賴耶也是從其自體所含藏的種子而生。這意味著，阿陀那識能夠執持所有現實的（法）和可能的（種）行為活動，不使它們散失和斷滅。"執持"在這裡是指不斷地維持。

窮：是指窮盡、窮竭。

42. 淵深七浪境為風

【語釋】

第八識浩瀚如海，深不可測。與之相比，前七識只是海上的浪，隨各自所攀緣的對象之風的興蕩而起伏。風和浪互為因果，時生時滅。

【章旨】

這一句討論第八識與其他七種心識及其相關對象的關係，形象而詩意地説明心識之海洋的狀況。這個比喻主要源自《楞伽經》，其中多次提及深海與風、浪。其中的兩句以後也在《成唯識論》中被引用，例如："如海遇風緣，起種種波浪；現前作用轉，無有間斷時；藏識海亦然，境等風所擊；恒起諸識浪，現前作用轉。"又如："譬如巨海浪，斯由猛風起，洪波鼓冥壑，無有斷絕時。藏識海常住，境界風所動，種種諸識浪，騰躍而轉生。"此外，《解深密經》中也有"一切種子如暴流"的説法。

【注釋】

淵深：是指浩瀚如海的第八識深不可測。

七浪：意喻前七識與第八識相比類似於海上的浪。

境為風：意喻前七識的各自對象與第八識相比類似於海上的風。

43. 受熏持種根身器

【語釋】

前七識的意向活動及其相關對象會以熏習的方式傳留、維繫在作為"所熏"的第八識中。這也就意味著第八識具有"受熏持種"的功能，具有攝持各種精神作用的可能性。這些可能性在成熟後或是向內變化實現為人的身體的器官組織，或是向外變化實現為物質自然的器物世界。

【章旨】

這一句仍然是討論第八識與其他七識的相互關係和相互作

用，說明原因與結果、行為與習性、先天與後天、過去與現在、現在與將來等概念對子之間的傳承與互動。

【注釋】

熏：也作"薰"，是"熏習"（vāsanā）的簡稱。所謂"熏習"，是借人以香氣熏附衣服的比喻來說明，各種行為、言語、思想、意志等等的勢力會熏附殘留在心識上，並且作用於心識。"熏習"的概念類似於古希臘哲學中的"ethos"概念，有"習俗""倫常"的意思，它表明一種由於進行善惡行為而形成的慣性力量和積澱作用。

"熏習"的學說始於小乘佛教，經量部主張色（物質）與心能夠互相熏習，所以小乘佛教有色心互熏的說法。熏習說的展開則是由大乘唯識學結合種子說而完成的。《成唯識論》卷二中說："令種子生長，故名熏習。"

大乘唯識學把第八阿賴耶識看作是"所熏"，而把前面的七個轉識的當下行為看作是"能熏"，據此來論述唯識學的因果相續理論：現在的各種行為熏習著種子，種子則引發出現在的各種行為。印順曾對此解釋說，"熏，並不是熏成種子，是熏發種子使它的力量強化。……這是很明白的種子本有論。……可以說一切種子是本有的，業力熏發是始有的。《瑜伽師地論·本地分》的思想，正是這樣。"

除此之外，佛教中也有種子新熏的主張。

《成唯識論》卷二進一步區分出"能熏"和"所熏"各自具有的四個本質特徵。

"能熏"的四個特徵是：

一"有生滅"："若法非常，能有作用，生長習氣，乃是能熏。"

二、"有勝用"："若有生滅，勢力增盛，能引習氣，乃是能熏。"

三、"有增減"："若有勝用，可增可減，攝植習氣，乃是能熏。"

四"能所和合"："若與所熏，同時同處，不即不離，乃是能熏。"

這四個本質特徵是前七識所共同具有的，因此前七識是"能熏"。

而"所熏"的四個特徵是：

一、"堅住性"："若法始終，一類相續，能持習氣，乃是所熏。"

二、"無記性"："若法平等，無所違逆，能容習氣，乃是所熏。"

三、"可熏性"："若法自在，性非堅密，能受習氣，乃是所熏。"

四、"能所和合"："若與能熏，同時同處，不即不離，乃是所熏。"

只有第八識具有這四個本質特徵，因此第八識是"所熏"。

這一句中的"受熏"，是指"受到熏習"，表明了第八識的"所熏"特徵。

持種：是指"持有種子"。

"種子"（bīja），在佛教經論中被解釋為各種積累的習性，亦即精神作用的可能性。除了在上一句中所劃分的業種和法種之外，"種子"還可以分為"有漏種子"和"無漏種子"，前者是指能產生諸現象（眾生之迷界）的種子，後者則是指能產生菩提的種子。

此外，大乘唯識學認為"種子"具備六項條件，它們也被稱為"種子六義"。《成唯識論》卷二列舉如下：

一、"剎那滅"：種子會有瞬間的生滅變化，是無常的。

二、"果俱有"：種子會與作為現行事物的果同時共存。

三、"恒隨轉"：種子會始終不斷地生起、相續，直至究竟位。

四、"性決定"：種子的性質乃是根據由因力而生的善惡之果來決定的。

五、"待眾緣"：種子的現行活動需要依賴各種外部條件的會合。

六、"引自果"：種子會引生出各自相對於心、物而言的果。即是說，色法由色法之種子所生，心法由心法之種子所生。

根身器：是"根身器界"的簡稱。從種子中可以變現出根身和器界。佛教經論中有"內變為種及有根身，外變為器"的說法。"根身"也就是由六根體現的心身、六種器官組織和神經系統，它們是根據過去的業因而獲得的果報正體，也被稱作眾生的"正報"。"器界"也就是國土、器物世界，它們是指六根心身所依據的身外諸物，因此也被稱作眾生的"依報"。

44. 去後來先作主公

【語釋】

第八識是在過去的生命結束之後纔會離開，在將來的生命開始之前已經到來，因此而成為生死輪回的主體，並在此意義上是"相續執持識"。

【章旨】

這一句說明第八識與眾生之生命的關係。"去"和"來"在這裡是指具體生命的結束和開始。而第八識本身則無始無終，綿綿不絕，主宰於各個不斷開始和結束的具體生命之間。

南懷瑾認為，玄奘乃是用前一句和這一句來"歸納阿賴耶識的內義"。但他同時認為，以後的一般佛學，"除了注重在根身，和去後來先作主公的尋討以外，絕少向器（物理世界）的關係上，肯做有系統而追根究底的研究，所以佛法在現代哲學和科學上，不能發揮更大的光芒。"

除此之外，這一句所描述的第八識的狀況曾引起教界和學界的爭議，甚至被用來論證《八識規矩頌》並非出自玄奘本人之手。對此可以參見前面《導讀》中的說明。

【注釋】

去：是指"死亡"。"去後"，是指眾生死亡後，第八識是最後離開的。

來：是指"出生"。"來先"，是指眾生投生時，第八識是最先到來的。

作主公：比喻第八識猶如宅舍的主人公，在這裡是指第八識決定著各期生命的內涵。

45. 不動地前纔捨藏

【語釋】

修行者要修到第八不動地的菩薩境界時，纔能夠捨去第八識含有的所藏，纔能夠不帶有與生俱來的執著自我，從而也捨去"藏識"的名稱。

【章旨】

這裡開始"八識頌"的第三頌，是第八識的最後一頌，也是全文的最後一頌。與每一組的最後一頌類似，這一頌也是說明與第八識相關的轉識成智過程，即從有漏的第八識轉成無漏的大圓鏡智。

這個轉識成智的過程分為幾個步驟或階段。在第八識的諸多名稱中，有幾個名稱是與這幾個步驟相對應的。在這一句裡涉及的第八識所具有的"藏識"名稱。

這一句所表明的是，第八識如果要轉識成智，首先要擺脫它所含有的"執藏"的性質，這也就意味著要擺脫"藏識"的名稱。

【注釋】

不動地：是指十地中的第八地菩薩境界（關於"十地"，可以參見前面對第二十一句的解釋）。

捨藏：對此存在多種可能的解釋。其中一種解釋是：捨去"阿賴耶"名中包含的三藏，即第八識不再是"藏識"；另一種解釋是：捨去"所藏"中的雜染種子，即不再保留與生俱來的我執。

這兩種解釋都依據了對第八識的不同理解。由於第三十四句"無功用行我恒摧"已經提到，在第八不動地上，自我被恒久地摧毀，因此這裡偏向於採納第二種解釋。

46. 金剛道後異熟空

【語釋】

在修習到了金剛喻定的最高階位上，最細微的煩惱也消失殆盡，第八識也就脫離了所有因果報應的層面，不再受因緣的牽制，從而也去除"異熟識"的名稱。

【章旨】

在這一句裡涉及第八識的另一個名稱"異熟識"，同時涉及相關的轉識成智的步驟：第八識要轉識成智，還要去除它所含有的果報和輪迴的性質，這也意味著要去除"異熟識"的名稱。

【注釋】

金剛：vajra，是指最寶貴、最堅固、最銳利的東西，亦即金中之剛。"金剛道"在這裡是"金剛喻定"（vajropamā-samādhi）的簡稱，意味著修行達到十地後的圓滿之心。在菩薩道修習至最後位時，一切最細微的煩惱都被斬除。此時的修行者，其智用堅利，譬如金剛；此時所獲得的禪定，被稱作“金剛喻定”。

異熟：是“異熟識”的簡稱。“異熟識”是第八識的另一個稱號，強調的是第八識所含有的因果報應的內涵。“異熟”（vipāka）的意思相當於：根據過去的善惡行為、意志、思想而得到的果報之總稱，以往也有人直接譯作“果報”。之所以將第八識稱作“異熟識”，是因為“異熟”一詞有特定的意思，“果”至少在三個方面異於“因”而成熟：

一、“異時熟”，異時而熟，因為“因”和“果”必定隔世（異時）而成熟的；

二、“變異熟”，變異而熟，因為“果”是由於“因”的變異而成熟的；

三、“異類熟”，異熟因是善或惡，異熟果是無記；或者，異類而熟，因為“果”與“因”是異類，但卻是由於“因”而成熟的。

47. 大圓無垢同時發

【語釋】

清淨智或大圓鏡智是由第八識所轉而得來的智慧，與它同時生起的是清淨的無垢識（阿末羅識）。

【章旨】

這一句重又涉及第八識的另一個名稱“無垢識”，也涉及與此相關的轉識成智之步驟，在這裡是最後一個步驟。在這裡，第八識已經成為“無垢識”，同時也成為智慧“大圓鏡智”。

嚴格說來，在這個階段上，第八識已經不復存在，因為在“無垢識"的階段上，它已經轉變為大圓鏡智。因此在佛教的論著中，"無垢識"（即"阿末羅識"）也曾被解釋和翻譯為"第九識"。但以後的唯識學新譯家仍然把"無垢識"看作是第八識的淨分，還有人把"無垢識"理解為"第八識的圓滿自證分"。因此，後人大都不再另立一個為第九識。

【注釋】

大圓：指"大圓鏡智"（ādarśa-jñāna）。也稱"清淨智"或"金剛智"。唯識學認為，修道成佛之後，八識可以轉變為四種智慧（參見前面對第十句的解釋）。"大圓鏡智"或"大圓鑒智"便是由第八阿賴耶識轉變而來。這個稱號表明：它是一種可以如實映現一切法的佛智，就像大圓鏡之可映現一切形像一樣。

無垢：amala，音譯為"阿末羅"，意譯為"無垢"，它是"無垢識"或"阿末羅識"的簡稱。"無垢識"或"阿末羅識"是第八識的另一個稱號。《成唯識論》卷三中說："或名無垢識，最極清淨諸無漏法所依止故。此名唯在如來地有。"

同時發：是指同時產生。

48. 普照十方塵剎中

【語釋】

第八識所轉的大圓鏡智如圓鏡，映現一切法，普照在大千世界、十方淨土的所有角落，無一遺漏。

【章旨】

這一句是全文的結束語，也是對轉識成智之究竟果位的終極描述。

【注釋】

十方：daśa-diśaḥ，在佛教經論中是指"四方"（東、西、南、北）、"四維"（東南、西南、東北、西北）、上下之總稱。佛教的經論主張，在此十個方向上有無數世界以及無數淨土，所以也說"十方世界""十方淨土"等等；而其中所住的諸佛以及眾生，也被稱為"十方諸佛""十方眾生"等等。

剎：kṣetra，是指"國土"。"塵剎"，意味著像微塵一樣無數無量的世界。

王肯堂《八識規矩集解》編校

金壇居士王肯堂/集解

倪梁康/編校

導讀

　　王肯堂，字宇泰，號損庵，又號鬱岡齋主，明代金壇（今江蘇金壇市）人，尤以醫家聞名於世，著有《證治準繩》《醫鏡》《醫辨》《醫論》《醫學窮源集》等醫書。但他亦為在家修證佛法之人，自號念西居士，對佛教唯識學素有研究，為晚明唯識復興運動重要人物，撰有《成唯識論證義》《因明入正理論集解》等唯識、因明詮釋著作。

　　新近機緣巧合，筆者發現中山大學圖書館特藏部藏有王肯堂的另一唯識著作《八識規矩集解》[①]（明代天啟年間刻本）。該

---

① 該刻本封面封底似為修復後新加書葉，無書名，原有的護葉上也沒有題字。版心上題"八識規矩解"，首頁題"八識規矩"，落款是"金壇居士王肯堂集解"。因而該書版心與首頁的兩個標題並不一致。這個情況與王肯堂的《律例箋釋》明刻本封面與版心標名"箋釋"、首頁標題為"律例箋釋"的情況相似。歷史文獻中關於該書的惟一依據可以參見本文後面"玄奘《八識規矩頌》與王肯堂的《八識規矩集解》"一節，筆者在其中依據了憨山德清提到的"集解"之名。這個"集解"所指的最大可能就是王肯堂的這篇文字。因此這裡還是採用了《八識規矩集解》的書名。這樣也可以使它有別於紫柏真可的《八識規矩解》。（後者收於《卍新纂續藏經》第55冊，東京：國書刊行會，1975—1989年，No.0892，第416—420頁。該篇文字在《續藏經》

書解説玄奘《八識規矩頌》的要旨，經查為海内外現存之孤本，且此前在思想史的文獻中幾乎從未被提及與引用，遂發心編校刊印之，以使此四百年來始終湮沒無聞的重要思想文本重現於世，嘉惠來學。這裡的文字，乃是對王肯堂本人及其佛學思想和佛學論著《八識規矩集解》的一個引介。

一、王肯堂的生平學術思想

據《明史稿》和《明史》記載，王肯堂出生官宦世家。其祖父王臬，曾任兵部主事，終山東副使。其父王樵，字明遠。舉嘉靖二十六年進士，授行人，歷刑部員外郎等職。王樵著有律學著作《讀律私箋》二十四卷，十分精詳。[①]

王肯堂為王樵次子，生於明嘉靖二十八年（1549），卒於明萬曆四十一年（1613）。[②]《明史稿》與《明史》均未將王肯堂單獨入傳，而是附在其父王樵傳後。《明史》載："子肯堂，字宇泰。舉萬曆十七年進士，選庶吉士，授檢討。倭寇朝鮮，疏陳十議，願假御史銜練兵海上。疏留中，因引疾歸。京察，降調。家居久之，吏部侍郎楊時喬薦補南京行人司副，終福建參政。肯堂

中也有《八識規矩解》和《八識規矩頌解》兩個標題。

① 參見 [清] 張廷玉等：《明史》卷 221《列傳第一百九》，北京：中華書局，1974 年，第 5818 頁。

② 關於王肯堂的生卒年月，可以參見新修《金壇縣誌》，其中注明其生卒確切日期為 1549 年 10 月 2 日—1613 年 9 月 21 日（南京：江蘇人民出版社，1993 年，第 783 頁）；另可參見憨山德清《金沙重興東禪寺緣起碑記》："癸丑秋，太史不幸捐館。"（《憨山老人夢游集》卷 26，《卍新纂續藏經》第 55 册，No.1456，第 647 頁下）

好讀書^①，尤精於醫。所著《證治準繩》該博精粹，世竟傳之。"^②成書早於《明史》的《明史稿》，内容與之大致相同，但略為精細，還説明王肯堂"著述甚富，雅工書法"，而且"以其尤精醫理故，又附見《方伎傳》中"。^③據此，王肯堂是因其精通醫理纔得以在《明史稿》中單獨入傳的。《方伎傳》説他"博極群書，兼通醫學"，實際上亦非專業醫家，但"所著《證治準繩》，為醫家所宗"。^④

從清人所撰《明史稿》及《明史》的相關記載來看，一方面，王肯堂在清初的社會影響顯然遠不如其父王樵；另一方面，王肯堂的社會影響當時主要集中於醫學的理論與實踐，在其他思想領域尚未産生重大效應。

然而在經歷了幾個朝代之後，王肯堂的思想影響已經逐漸超出其父。而今人撰寫的思想史，更已有將其父王樵傳記附於王肯堂傳記之後的做法。^⑤究其原因不外乎以下幾個方面，它們共同勾勒出王肯堂所具有的絲毫不遜於同時代歐洲思想家培根、笛卡爾等人的百科全書式奇特才華。後人稱讚説："以天縱之才，益以

---

① 關於王肯堂的好讀書，可以參見他自己的説法："余幼而好博覽，九流百家，亡弗探也。遇會心處，欣然至忘寢食。既寡交遊，無同好可與談者，時時劄記，以管城君為談塵爾。"參見氏著：《鬱岡齋筆塵》"序"，《北京圖書館古籍珍本叢刊》第 64 冊，北京：北京圖書館出版社，1998 年，第 463 頁。

② ［清］張廷玉等：《明史》卷 221《列傳第一百九》。

③ 參見［日］丹波元胤：《中國醫籍考》卷 26《方論四》，北京：人民衛生出版社，1956 年，第 427 頁。

④ 參見［日］丹波元胤：《中國醫籍考》卷 26《方論四》，第 428 頁。

⑤ 例如參見何勤華：《中國法學史》第 2 卷，北京：法律出版社，2006 年，第 480 頁。

力學，發為言論，宜如獨具隻眼，排倒一切也。"①

王肯堂的才華與成就主要表現在如下幾個方面：

其一，醫學方面：王肯堂的醫學思想與成就持續地起效用。他身後留下"博大浩瀚的醫學書籍"②，今人所編《王肯堂醫學全書》（陸拯主編，中國中醫藥出版社：北京，1999 年），總計 2736 頁，共 396.9 萬字。尤其是他的《證治準繩》一百二十卷，"博覽明以前歷代重要醫籍，採集古今方論，參以個人見解與經驗"③，采摭繁富，條理分明，博而不雜，在中國醫學史上佔有重要地位。"與李時珍《本草綱目》，為吾國醫藥兩大淵藪。"④王肯堂的醫學思想，在傷寒、內科雜病、外科、兒科、婦科的諸多研究領域均有重要成果與貢獻。⑤

其二，律學方面：王肯堂在其他領域的思想影響也日益增長。他在其父王樵《讀律私箋》基礎上擴編增輯而成的律學著作《律例箋釋》⑥，成為明代重要的法律典籍，而且在後世受到更高程度的重視。根據當代學者的研究，王肯堂的《律例箋釋》"博采各家之長，在律條字詞的解釋，律文的注解，立法者意圖的探

---

① 秦伯未：《鬱岡齋醫學筆塵》"序"，陸拯主編：《王肯堂醫學全書》，北京：中國中醫藥出版社，1999 年，第 2583 頁。

② 陳邦賢：《中國醫學史》，北京：團結出版社，2011 年，第 156 頁。

③ 傅維康等：《中國醫學史》，上海：上海科技出版社，1997 年，第 384 頁。

④ 陳邦賢：《中國醫學史》，第 156 頁。

⑤ 陸拯：《王肯堂醫學學術思想研究》，陸拯主編：《王肯堂醫學全書》，第 2717—2735 頁。

⑥ 王肯堂《律例箋釋》三十卷；顧鼎重編刊本，改名《王儀部先生箋釋》，清康熙三十年（1691）刻本，收入《四庫未收書輯刊》第 1 輯第 25 冊，北京：北京出版社，1997 年。

明，律例注釋中案例的引用等諸方面均下了工夫"，在明清眾多律學著作中"無疑是最為重要的"，也是後來"清代律例注釋書所引用最多的明人作品"。①

其三，科學、藝術方面：王肯堂在其他方面也有所涉獵並有所造詣。例如據《利瑪竇中國劄記》記載：王肯堂是"傑出的哲學家"，曾長時間研究數學，試圖發現中國的數學體系。②王肯堂本人在其《鬱岡齋筆塵》③中也談及他於醫學之外在算術、幾何、天文、曆書等方面的研究與思考。在藝術方面，他與湯顯祖、袁宏道、王世貞、董其昌等人過從甚密，雖自認"吾無詩才""絕不為詩"，但"未必無見也"④；他喜好品詩歌，論文學，鑒賞字畫，雅工書法，傳拓臨摹，並多有收藏與評論。⑤故有學者稱他"與郭濟論數緯，與

---

① 參見何勤華：《中國法學史》第 2 卷，第 272、480 頁。

② 王肯堂曾致函利瑪竇，推薦自己的一位學生隨利瑪竇學習。利瑪竇稱王肯堂是"北京翰林院裡一位傑出的哲學家"。又說，王肯堂"經過長期的研究之後，他沒有能發現任何明確的中國數學體系這樣的東西；他枉然試圖建立一個體系，作為一種方法論的科學，但最後放棄了這種努力"。參見［意］利瑪竇、［比］金尼閣著，何高濟等譯：《利瑪竇中國劄記》，北京：中華書局，2010 年，第 351 頁。

③ ［明］王肯堂：《鬱岡齋筆塵》，前揭書，第 538、546、560 頁等。

④ 參見［明］王肯堂：《鬱岡齋筆塵》，前揭書，第 612 頁。

⑤ 據乾隆《金壇縣誌·儒林卷》載，王肯堂"書法深入晉人堂室。輯鬱岡齋帖數十卷，手自鉤揚，為一時石刻冠"。這裡所說的"書法深入晉人堂室"，指的很可能是王肯堂的如下評論："晉人書妙在藏鋒，非無鋒也，但不露爾。"（氏著：《鬱岡齋筆塵》，前揭書，第 598 頁）此外，王肯堂很可能是《金瓶梅》抄本的最早持有和傳播者，參見顧國瑞：《屠本畯和〈金瓶梅〉》，《北京大學學報》1985 年第 4 期，第 20—26 頁。

董其昌論書畫，與利瑪竇論曆算，與紫柏大師參禪理"。①

其四，經學方面：利瑪竇在其《中國劄記》中將王肯堂稱作"哲學家"並非誤會。在王肯堂所撰著作中還包括《尚書要旨》三十六卷，"承其父樵所撰《尚書別記》而推演之，以備刺經訓故之用"；以及《論語義府》二十卷，"匯輯儒先語錄及說經之書，凡數百家"。②按照各種記載，王肯堂除此之外至少還另撰有《尚書過庭錄》《五經義府》等書。③

其五，佛學方面：與經學家或哲學家的身份相比，王肯堂更應被稱作佛學家，或更確切地說：佛教唯識家。他在思想史上最重要的影響是在佛教唯識學的研究方面，其著《成唯識論證義》與《因明入正理論集解》均被收入大藏經，産生重大影響。④這裡編輯再版的《八識規矩集解》，則是他在唯識學研究方面的另

---

① 王重民：《王肯堂傳》，氏著：《冷廬文藪》上冊，上海：上海古籍出版社，1992 年，第 166 頁。

② 參見王重民：《王肯堂傳》，前揭書，第 167 頁。按，王肯堂《尚書要旨》三十六卷，收入《四庫全書存目叢書》經部第 51、52 冊；以及《論語義府》二十卷，收入《四庫全書存目叢書》經部第 161 冊。

③ 還可以參見復旦大學柯卉碩士學位論文《王肯堂的生平與學術》（2001），尤其是該文的附錄一《王肯堂學術簡譜》和附錄二《王肯堂論著、編校及訂補文獻目錄提要》（第 38—54 頁）。該文對王肯堂的思想發展有一些相當縝密的考訂。可惜該文並未顧及王肯堂的佛教唯識學方面的思想與著述，亦即恰恰缺少聖嚴法師在其《明末佛教研究》一書中為王肯堂所撰之佛教思想傳略（臺北：法鼓文化事業股份有限公司，1999 年，第 221—223 頁）。

④［明］王肯堂：《成唯識論證義》，《卍新纂續藏經》第 50 冊，No.0822，第 829 頁上—893 頁上；以及《因明入正理論集解》，《卍新纂續藏經》第 53 冊，No.0857，第 917 頁下—932 頁上。

一著作。[①]筆者以下對王肯堂的介紹將主要在他的唯識學研究與《八識規矩集解》的方向上展開。

二、晚明唯識運動與念西居士王肯堂

王肯堂於佛教方面之經歷與造詣被佛學界概括為："博通教乘,尤善相宗。初參高原昱公,昱公為之講說唯識論,肯堂筆受,成《唯識俗詮》一書。又著《唯識證義》十卷、《因明入正理論集解》一卷等。"[②]除了以上所列其晚年撰寫的佛教唯識書籍之外,王肯堂早年還撰有《參禪要訣》一卷[③]。

---

① 王肯堂《八識規矩集解》一卷,明天啟(1621—1627)刻本藏於中山大學圖書館,清佚名批點,2 冊,9 行 18 字,小字雙行同,白口,四周單邊,單魚尾。

② 參見《佛光大辭典》"王肯堂"條(慈怡主編:《佛光大辭典》,高雄:佛光文化事業有限公司,1988 年,第 1510 頁)。這個條目的撰寫很可能是參考清代居士彭際清的《居士傳》而成。但《居士傳》中"王肯堂"的傳記內容更為準確:"金壇王宇泰,名肯堂……平生博通教乘,尤精相宗。以慈恩《成唯識疏》既亡,學者無所取證,乃創《唯識證義》十卷。書成力疾校讎刻行於世,曰此龍華之羔雉也。初高原昱公以宇泰之請演《唯識俗詮》。"見 [清] 彭際清:《居士傳》卷 44,《卍新纂續藏經》第 88 冊,No.1646,第 265 頁。

③ 此書在黃虞稷(1629—1691)《千頃堂書目》中有載,見氏著,瞿鳳起、潘景鄭整理:《千頃堂書目(附索引)》,上海:上海古籍出版社,2001年,第 428 頁。此外,日僧鳳潭(1654—1738)撰《扶桑現存藏外目錄》亦載是書(第 667 號),見《昭和法寶總目錄》第 2 冊,《大正新修大藏經》別卷,東京:大藏經刊行會,1924—1935 年,第 569 頁上。最後,近查得王肯堂的《參禪要訣》萬曆三十二年(1604)刻本在日本駒澤大學圖書館有藏,雖然筆者已經獲得影印本,但囿於版權問題,暫時無法列入編校與出版

　　王肯堂在禪學方面的思考與修養與他的唯識學研究並無抵牾。他所處時代雖然恰好是明末諸家研究和弘揚唯識學的時代，但唯識學在唐玄奘之後至明末的大約八百年間，除了一些零星的引用之外，已成為絕響。如蕅益智旭所言："惜慈恩沒，疏復失傳，僅散現《大鈔》《宗鏡》諸書，及《開蒙》二卷稍存線索。國初以來，竟成絕學。"[①] 清人彭際清在王肯堂的傳記中記載說："以慈恩《成唯識疏》既亡，學者無所取證。"[②] 而王肯堂自己也記錄說："余聞紫柏大師言，相宗絕傳久矣。"[③] 既然到明代時已無唯識學家，唯識學傳習無人，當時的唯識學復興運動也就不可能從唯識學內部發起。晚明的所謂唯識復興，是從一個總體上帶有禪學烙印的思想背景中產生的，如聖嚴所言："明末的唯識學者，無不出身於禪宗。"[④] 勸化王肯堂研修唯識學的是明末四大高僧之一的紫柏真可（1543—1603）。紫柏大師出生禪宗，但對晚明佛教的宗風頹敗[⑤]深感不齒，立志站出來，弘揚義學，收拾殘局，同時代人中與之同道者甚多。依照聖嚴的觀點："以年代的先後次

計畫。

① ［明］智旭：《重刻成唯識論自考録序》，《卍新纂續藏經》第 51 冊，No.0823，第 145 頁下。

② ［清］彭際清：《居士傳》第 44，《卍新纂續藏經》第 88 冊，No.1646，第 265 頁下。

③ ［明］王肯堂：《成唯識論俗詮序》，《卍新纂續藏經》第 50 冊，No.0820-D，第 503 頁上。

④ 聖嚴：《明末佛教研究》，第 209 頁。

⑤ 王肯堂在其《成唯識論俗詮序》中將晚明的佛教風氣概括為："宋南渡後，禪宗盛極。空談者多，實踐者少。排擯義學，輕蔑相宗。"（《卍新纂續藏經》第 50 冊，No.0820-D，第 503 頁上）

序，他們的名字是普泰、真界、正誨、真可、德清、廣承、明昱、通潤、王肯堂、大真、大惠、廣益、智旭、王夫之等，均有唯識的著述傳至現代，單從人數而言，明末的唯識風潮，遠盛於唐代。此一風氣的形成，可能與禪宗的式微及其自覺有關，自唐宋以下的禪宗，多以不立文字、輕忽義學為風尚，以致形成沒有指標也沒有規式的盲修瞎練，甚至徒逞口舌之能，模擬祖師的作略，自心一團漆黑，卻偽造公案、呵佛罵祖。所以有心振興法運的大師們，揭出了'禪教一致'的主張。"①而王肯堂的學佛經歷與此有內在關聯：他最初是抱學禪之心師從紫柏真可，最終在老師引導下轉向唯識、因明之學。

由於明末時唐代玄奘所譯唯識學經論尚在，但對其直接做注釋的窺基《成唯識論述記》以及窺基的《成唯識論掌中樞要》、慧沼的《成唯識論了義燈》、智周的《成唯識論演秘》之唯識三疏，自元代之後已經在中國失傳，"既未編入藏經，也不流傳於當時的中國"②。因而明末諸家對唯識學的探究，除了《楞伽經》

---

① 聖嚴：《明末佛教研究》，第 205 頁。按，聖嚴法師《明末佛教研究》第三章"明末的唯識學者及其思想"（初刊于《中華佛學學報》第 1 期，1987年，第 1—41 頁），雖然被作者本人謙之為"未有任何創見，只是將資料研究整理，提出一個概要，以備他日再作進一步的探索"（第 261 頁），但依筆者陋見，無論在歷史思想脈絡的梳理、晚明唯識義理特點的把握方面，還是在對當時唯識諸家觀點的理解、傳承譜系的排列、文獻著述的整理和釋要等方面，聖嚴法師對晚明唯識運動的總體研究思考和回顧理解都提供一個具有難以逾越高度的開端。筆者以下對晚明唯識復興的論釋，大部是基於對聖嚴法師此章主旨的扼要複述，並附以些許補充和修訂。筆者曾在中山大學主持過聖嚴法師的講演，本文亦可視作對他的一種悼念和追思。

② 聖嚴：《明末佛教研究》，第 214 頁。按，這些文獻直至清末纔由楊

《解深密經》等經以及《瑜伽師地論》《顯揚聖教論》《成唯識論》等論的譯本之外，在本土的唯識注疏中，所能依據者均為思想史上一些非系統的論述，如元人雲峰的《唯識開蒙問答》二卷、五代永明延壽的《宗鏡錄》一百卷、唐代清涼國師澄觀的《華嚴經疏鈔》八十卷。即使如此，他們也能夠從各自的角度出發，對唯識經典做出自己的深入理會與精當詮釋，開闢出一條新的唯識思想發展脈絡[①]，掀起了一場佛教史上影響深遠的唯識學思潮。按照聖嚴的統計，明末一百數十年間，有 17 位撰有唯識著作的學者，35 種計 107 卷的唯識經典注解，大都涉及對《成唯識論》《唯識三十論》《百法明門論》《觀所緣緣論》《八識規矩頌》《因明入正理論》等論、頌的纂釋和證義。[②] 其中包括王肯堂的《因明入正理論集解》（萬曆壬子，1612）和《成唯識論證義》（萬曆癸丑，1613）[③]。但未包括這裡刊發的王肯堂《八識規矩集解》。

文會通過南條文雄從日本取得，後在南京的金陵刻經處和支那內學院刻印流通。

　　① 聖嚴曾對唐代的唯識與明末的唯識的特徵差異做出如下闡釋："明末的唯識思想，雖系傳自玄奘所譯諸論，但確已非窺基時代的面貌，一則古疏失傳，無以為考，再則時代佛教的要求，不同於窺基的思想，窺基建立的是以唯識的一家之說來闡明全體的佛法，明末的諸家，則是以唯識教義來溝通全體佛教而補時代需求之不足。故在元代的雲峰、明末的真可、德清、智旭等諸師的唯識著述之中，都很明顯的，說是為了禪的修行而來學習唯識，並以唯識配合著禪宗的觀念作解釋。可見，明末的唯識學是偏重於實用的。"參見氏著：《明末佛教研究》，第 205—206 頁。

　　② 參見聖嚴：《明末佛教研究》，第 241 頁。

　　③ 按照王肯堂卒於 1613 年這個考證結論，他的唯識、因明著述均為在其生命的最後兩年所撰，也包括他為高原明昱《成唯識論俗詮》所撰 "序"，落款為 "時萬曆壬子 [1612] 秋七月朔旦金壇念西居士王肯堂力疾書"，以及

　　王肯堂本人究竟何時受紫柏大師勸化，作為居士致力於傳播佛法教義，如今已不得而知。他自己在《成唯識論俗詮序》中只說"余始聞唯識宗旨於紫柏大師"[①]，但未詳述具體始於何時。雖然憨山德清在《紫柏老人集序》中曾記述"師 [紫柏] 初往來於金沙 [金壇]、曲阿 [丹陽] 之間，與于、王 [肯堂]、賀氏諸君子大有夙緣"[②]，但也未說明紫柏的"初往來"究竟發生於何時。王肯堂本人在其《因明入正理論集解自序》中曾給出他陪伴在紫柏大師身邊的一個確切時間為"萬曆乙酉 [1585] 仲秋"，曰："余與董玄宰 [董其昌] 侍紫柏大師於金陵之攝山 [棲霞山] 中。"[③]但這個時間並不一定就是王肯堂與紫柏大師交往並"始聞唯識宗旨"的時間，而只能說是他有記載的最早與佛教唯識思想結緣

為一雨通潤《成唯識論集解》所撰"序"，落款為"萬曆壬子 [1612] 孟秋五日念西居士王肯堂力疾書"。而王肯堂自己在《成唯識論證義自序》的結尾說："此冊亦吾之縞帶紵衣也。吾即旦夕溘先朝露，勝於駸駸駕鴻，凌倒景而朝太清，不啻多矣。"最後落款為"萬曆癸丑 [1613] 六月十九日死灰居士王肯堂宇泰甫力疾自序"。所有這些同時也表明《成唯識論證義》為其絕筆之作，即他身前完成的最後一本書，而且王肯堂已經在此預告自己不久于人世。

　　① [明] 王肯堂：《成唯識論俗詮序》，《卍新纂續藏經》第 50 冊，No. 0820-D，第 503 頁上。

　　② [明] 德清：《紫柏老人集序》，《卍新纂續藏經》第 73 冊，No.1452-A，第 135 頁中。

　　③ [明] 王肯堂：《因明入正理論集解自序》，《卍新纂續藏經》第 53 冊，No.0857-A，第 917 頁下。此外，他在其《鬱岡齋筆塵》中還記錄："紫柏大師以甲申年 [1584] 至常熟。""萬曆丙申 [1596]，紫柏尊者掛錫余誠閑堂。"參見氏著：《鬱岡齋筆塵》，前揭書，第 480、471 頁。

期。是年王肯堂三十有六^①。

三、王肯堂的《成唯識論證義》

王肯堂在去世前一年為高原明昱的《成唯識論俗詮》和一雨通潤的《成唯識論集解》作序，其中闡釋他自己的唯識研究經歷以及與兩書之形成的直接因緣。王肯堂首先說明他對唯識學的瞭解始於紫柏大師的講授，並受後者之命研讀《成唯識論》，而後也進一步研讀《唯識開蒙》《宗鏡錄》《華嚴疏鈔》等的相關唯識經典，逐漸對唯識學有所了悟。但他當時仍存諸多疑問。後來他聽說巢松、緣督等法師在焦山結伴，計畫詮釋唯識文本，於是致函邀請之。巢松、緣督"二師各出其[《成唯識論》]所標點之本，互相印證，余是以有正訛標義之刻"。王肯堂將其刻印出版，眾人紛求刻本。"然闕疑尚多"，王肯堂仍有"意猶未愜"之憾。兩位法師堅持必須請出一雨通潤法師來講授。於是王肯堂派人邀請，然而一雨通潤因故始終未能赴約。這些都是在王肯堂 1612 年撰寫《成唯識論集解序》之前"已將十年"的事情。十年後一雨通潤終於履約，完成《成唯識論集解》十卷，並將前五卷的刻本寄給王肯堂，請其作序^②。這是關於一雨通潤的《成唯識論集解》撰寫

① 據此，聖嚴稱王肯堂"晚年學佛"恐有差誤。這一方面與聖嚴對王肯堂生卒年代的存疑有關，參見聖嚴：《明末佛教研究》，第 221 頁；另一方面，王肯堂晚年在《成唯識論證義自序》和《因明入正理論集解自序》中謙稱自己"以老病一措大，博得會禪之名滿天下"和"余以措大，白首逃禪"，也會引起誤解。他在這裡所說的"會禪""逃禪"，不是指開始學禪，而應當是指開始發佈自己成熟的佛學思想了。

② 參見［明］王肯堂：《成唯識論集解序》，《卍新纂續藏經》第 50

與刊印的一條線索。

　　另一條線索與高原明昱《成唯識論俗詮》的撰寫與刻印有關。王肯堂雖未請到一雨通潤，但他於此期間又聽居士王太古[①]言：「相宗之精，無如高原法師者。《觀所緣緣論釋》，曾不可以句，而師釋之如指諸掌，則其他可知也。」由於此時「東禪無主，余遂虛席以延師，師鑒余誠，率其徒至」。明昱赴約後，允諾撰稿注疏《成唯識論》，一年後便拿出《成唯識論俗詮》初稿。王肯堂也隨之開始撰寫自己的《成唯識論證義》。從王肯堂本人給出的幾個確鑿時間點來看，無論是王肯堂與一雨通潤之約，還是與高原明昱之約，都發生在 1606 年之前。是年明昱在鷲峰寺開講唯識論，「學者千眾，莫不聳聽，得未曾有」。萬曆己酉（1609）年，明昱再次開講唯識論於瓦官寺、龍華寺及彌勒庵，「法席甚盛」。1611年，王肯堂自述：「余亦老病，伏枕二季，殊無起色。」明昱則又講此論於淨慈之宗鏡堂。王肯堂得知後「且驚且喜」，但他「時且瀕死，不及與師相聞，即師有書來，不能答也」。次年，明昱完成《俗詮》第二稿的刻印，交付王肯堂作序。[②]

冊，No.0821-A，第 658 頁。

　　① 王太古，即王野，新安人。錢謙益《列朝詩集》丁集有傳云：「王山人野，字太古，歙人……游于金陵，不輕謁人。貴人慕其名，訪之，累數刺，始一報謁。塞驢造門，稱『布衣王野』，投刺徑去。自選刻其詩一卷。晚年詩頗為竟陵薰染，竟陵極稱之，為評騭以行世。」見氏著：《列朝詩集小傳》，上海：上海古籍出版社，1983 年，第 605—606 頁。王野曾為高原明昱之《觀所緣緣論釋記》（《卍新纂續藏經》第 51 冊，No.0832）作序，自署「病居士王野」。

　　② 參見[明]王肯堂：《成唯識論俗詮序》，《卍新纂續藏經》第 50 冊，No.0820-D，第 503 頁中。隨王肯堂一併為此書作序的還有另外七位居士，聖嚴

　　按王肯堂1612年的"已將十年"之說，因王肯堂之約而完成的高原明昱之《成唯識論俗詮》與一雨通潤的《成唯識論集解》都是在 1602 至 1612 年之間完成的。而他自己的《成唯識論證義》，是隨《俗詮》之後開始撰寫，在 1612 年已基本完成待刻。

　　王肯堂於此年的《成唯識論俗詮序》中寫道："一雨法師集解此論，刻已垂就，余之《證義》亦且災木矣，不妨為《俗詮》左輔右弼。"①這裡的"左輔右弼"，當然只是王肯堂的謙辭。實際上他並不能完全認同《俗詮》，也不能全然附和《集解》。他之所以在資助刻印這兩書的同時還自己撰寫《證義》，原因亦在於此。他在《成唯識論證義自序》中寫道："《俗詮》之作，吾嘗預商訂焉，及其刻，則從與不從，蓋參半也。《集解》之見，與吾合處為多，而不合處亦時有之。吾見之未定者，不敢不捨己而從，而吾見之已定者，亦不敢以苟同也，此《證義》之所以刻也。"王肯堂也解釋了他為自己的《成唯識論》注疏取名"證義"的含義："取大藏中大小乘經論及《華嚴疏鈔》《宗鏡錄》諸典正釋《唯識》之文，以證《成論》之義。"他特別說明：不敢稱自己的《成唯識論》的注疏為"補疏"，因為他對自己的《證義》是否與窺基的《述記》與唯識三疏全然不相抵牾並無十分把握，尤其是他還寄希望於《述記》與三疏有朝一日會複現於世。②

法師因此詫異："明昱與當時的僧界，亦非沒有來往，然其《俗詮》問世之際，請了八人寫序，竟無一位僧人與焉。"參見氏著：《明末佛教研究》，第215頁。

　　① [明]王肯堂：《成唯識論俗詮序》，《卍新纂續藏經》第50冊，No. 0820-D，第503頁中、下。

　　② 王肯堂《成唯識論證義自序》："《唯識證義》何為而作也？為慈恩之

如今看來,《俗詮》《集解》《證義》三書的刻印出版,可以
說是標誌著晚明"唯識三疏"的產生。1612 和 1613 年因此而成
為晚明唯識思想史的最突出里程碑,唯識運動在此達到其頂
峰[①]。雖然早在各種《成唯識論》的注疏出版之前,晚明的唯識
運動便已在穩步的進行之中,然而借助王肯堂的組織、推動和參
與,一批作為晚明唯識思想最成熟結果的《成唯識論》注疏集解
得以宣講和刊印,並且引發此後一系列的《成唯識論》研究著述
問世。[②]如果我們以 1511 年普泰《八識規矩頌補注》的發表為晚
明唯識運動之始,則此唯識三疏《俗詮》《集解》《證義》於 1612、
1613 年的問世,意味著在經過一百年的準備之後,晚明的唯識運
動已經能夠提供對自己思想主旨的全面而系統的理解、詮釋與
說明。

　　在晚明諸多唯識學著述中,聖嚴對王肯堂《成唯識論證義》
的評價最高。他將晚明的唯識學者分為兩種:"一是專攻唯識而不

疏亡失無存,學唯識者悵悵乎莫知所從而作也。然則不名補疏何也? 曰: 補
疏則惡乎敢。吾敢自信無一語之與慈恩抵捂乎哉? 有一語與慈恩牴牾,而謂
之補,疏烏乎敢! 且吾猶冀古疏之萬一復出云爾。"(《卍新纂續藏經》第 50
冊, No.0822-A, 第 829 頁上)

　　① 張志强認為晚明唯識學還有第二次高潮,"肇自紹覺廣承作《成唯識
論音義》"(參見氏著:《"宗門昌而義學起"——唯識學的興起與晚明佛教的
整興嘗試》,《法音論壇》1999 年第 2 期, 第 15 頁)。

　　② 此後入藏的《成唯識論》注疏文字還有: 廣承的《成唯識論音義》
八卷 (未傳)、大惠的《成唯識論自考錄》十卷 (1626)、大真的《成唯識論
遺音合響》十卷 (1642)、智旭的《成唯識論觀心法要》十卷 (1647)、智素
的《成唯識論音響補遺》十卷 (年代不明)。參見聖嚴:《明末佛教研究》,第
215 頁。

涉余宗的"，"另一是本系他宗的學者，兼涉唯識的研究者"，並將王肯堂歸入前者，認為他與高原明昱（1527—1616）是代表"唯識的唯識學"的僅有二人，餘者皆為"唯心的唯識學"，又分別各依天臺教觀、楞嚴經義、起信論旨、禪宗工夫為背景[①]。"從功力及內容而言，明末諸家的唯識著述，應以王肯堂的《證義》，最為傑出，無論組織、說明、文辭，尤其是探索義理方面，極富於學術的研究價值。""王肯堂的態度，非常謹嚴，絕不作臆測方式的所謂聰明解釋。"[②]王肯堂的同時代人也盛讚此書，或曰"精核詳贍"[③]，或曰"殫精竭思，極深研幾"[④]。

王肯堂在該書中的一些觀點和表達，得到了後世的廣泛運用和引述，例如："學道者，不明唯識之旨，則雖聰明辨才，籠蓋一世，而終不免為儱侗真如、顢頇佛性。今談道者滿天下，而見道者絕無一人。"[⑤]而他在其中對心識結構的理解和解釋，借助自己的

---

① 參見聖嚴：《明末佛教研究》，第 247—248 頁。按，聖嚴法師似未注意王肯堂在晚年注解唯識之前便著有《參禪要訣》一書，而其列入四庫存目書的《論語義府》被四庫館臣評論為"其說頗雜於禪"，而其《鬱岡齋筆麈》亦如此，否則聖嚴可能也會將王肯堂納入依禪宗功夫為其背景的"唯心的唯識學"一類。儘管如此，聖嚴也從王肯堂的《成唯識論證義》中讀出其禪宗的思想背景，稱王肯堂"仍不能擺脫《宗鏡錄》及唯識的影響。"參見氏著：《明末佛教研究》，第 247 頁。

② 聖嚴：《明末佛教研究》，第 247、237 頁。

③ ［明］閔夢得：《成唯識論自考錄序》，《卍新纂續藏經》第 51 冊，No.0823-B，第 146 頁上。

④ ［明］智旭：《成唯識論觀心法要緣起》，《卍新纂續藏經》第 51 冊，No.0824，第 297 頁上。

⑤ ［明］王肯堂：《成唯識論證義自序》，《卍新纂續藏經》第 50 冊，No.0822-A，第 829 頁下。

博而不雜、條理分明的醫學、律學辨析知識和描述方式，自成一種特殊風格，文中也偶有醫學、律學思考的參合比照。

四、王肯堂的《因明入正理論集解》

除了《成唯識論證義》之外，王肯堂還撰有《因明入正理論集解》一卷，刻印年代亦為 1612 年。《因明入正理論》被視作唯識學的方法論書，而"唯識是極注重方法論的分析哲學"[①]。王肯堂選此論做集解，或者説，紫柏真可囑咐王肯堂研討因明，也是因此之故。王肯堂在《自序》中回憶：1585 年仲秋，他與董其昌"侍紫柏大師於金陵之攝山中"，在素庵法師[②]閣上得到"一小梵冊"，紫柏大師十分喜悦，告訴他們二人："若欲深泛教海，則此其舟航維楫乎。"這部佛典小書就是商羯羅主所撰、玄奘所譯的《因明入正理論》。他們二人當時並不理解此書的內容。因素庵的弟子幻齋自己説以前曾講授過此論，紫柏大師便令他為王肯堂和董其昌二人解説，但二人"迄不能明"。董其昌最終"蹙頞棄去"，而王肯堂卻還是有心做了私下的抄録。同年他在拜訪密藏禪師時讀到了幻居法師[③]關於《因明入正理論》的注疏，又請人為自己抄

---

① 聖嚴：《明末佛教研究》，第 233 頁。

② 素庵，即釋真節，號素庵，明代僧人，其略傳見［明］如惺：《大明高僧傳》卷 4，《大正新修大藏經》第 50 冊，No.2062，第 912 頁中；［明］明河：《補續高僧傳》卷 5，《卍新纂續藏經》第 77 冊，No.1524，第 398 頁下—399 頁上。

③ 幻居，諱真界，號悦堂，明代僧人，著有"《楞嚴纂注》《起信注》《金剛直解》，《因明》《緣緣》等解"，其略傳見［明］幻輪編：《釋鑒稽古略續集》卷 3，《大正新修大藏經》第 49 冊，No.2038，第 953 頁上。

録一本。然而他閒暇時讀之，"雖皙於幻齋，而汶汶猶故也"，因而"自後每逢講肆，必首叩此論"。直至二十多年後的1609年夏，他在何矩所齋中又讀到鎮澄法師①對《因明入正理論》的闡釋，覺得更比幻居法師的清晰，然而仍然感到"義滋淺狹，意頗少之"。又三年後，即1612年夏，王肯堂在自己的拙隱園中供養蘊璞法師②，再次讀到鎮澄法師對《因明入正理論》的注解，仔細研究，終於就此論獲得充分明見。按他自己的描述："余伏枕無所用心，因得從容讀之。開卷了然，具有定見，非余揣摩依傍者比也。至以龍樹論與清涼、永明所引《因明》疏鈔語，參互考訂，則所抵牾亦復有之。於是晝而考，夜而思，研究不輟，寢食俱忘。如坐暗室，久而漸明，今則了了盡見室中諸物，乃至針縷亦無所眩矣。因採集諸論有關者，及三家注疏之合者，重為解釋一過。始於五月十一日，成於是月二十日。嗚呼！此論不過立破之規矩耳，非有微言奧義待悟而明者也。"③據此，王肯堂於十日內將《因明入正理論集解》一揮而就，但卻為此準備了二十多年，先後受教於四位法師。此乃頓見還是漸見？或許關於頓漸問題的討論日後可以王肯堂的思想經歷為分析的案例。

---

① 鎮澄，字月川，別號空印，明代僧人，撰有《物不遷正量論》兩卷，收入《卍新纂續藏經》，另編撰有佛教史書《清涼山志》。《補續高僧傳》卷5的《月川法師傳》記載其著述還有："有《楞嚴正觀》《金剛正眼》《般若照真論》，《因明》《起信》《攝論》《永嘉集》諸解，皆盛行於世。"見[明]明河：《補續高僧傳》卷5，《卍新纂續藏經》第77冊，No.1524，第399頁下。

② 蘊璞，名如愚，明代僧人，雪浪洪恩弟子，其略傳見[明]錢謙益：《列朝詩集小傳》，第714頁。

③ [明]王肯堂：《因明入正理論集解自序》，《卍新纂續藏經》第53冊，No.0857-A，第918頁上。

五、玄奘《八識規矩頌》與王肯堂的《八識規矩集解》

晚明的唯識復興運動，並非唯識宗的復興，而是唯識學的復興。它的源頭可以追溯到魯庵普泰法師 1511 年刻印的《八識規矩補注》和《百法明門論解》[①]。魯庵普泰在歷史上似未留下許多生平事蹟，無法確定他屬何宗何派。關於他的所有資訊幾乎都出自他為自己《八識規矩補注》所撰《序》以及他為自己另一部《百法明門論解》所撰《後序》。從二序中可以得知，普泰為此二書所撰"序"與"後序"成於正德辛未 [1511] 年，他撰二序時先後居於"大興隆官舍"和"飛虹官舍"，撰寫二書的初衷均為做自備觀覽用，後應旁人之求纔付諸刻印。[②]除此之外，此兩篇序跋並未提供更多的普泰個人資訊。

一百年後，王肯堂在為通潤《成唯識論集解》所撰"序"中提到普泰："余聞紫柏大師言，相宗絕傳久矣。魯庵泰法師，行腳避雨止一人家簷下，聞其內說法聲，聽之則相宗也。亟入見，乃一翁為一嫗說。師遂拜請教，因留月餘，盡傳其學而去。疑翁嫗非凡人，蓋聖人應化而現者。"[③]王肯堂從紫柏真可處得知這個故

① 筆者在為拙著《新譯〈八識規矩頌〉》（臺北：三民書局，2004 年）所撰"導讀"中已對玄奘《八識規矩頌》的發現與明末唯識運動的興起之間的內在聯繫做過大致論述，這裡的論述是根據新近資料對這個聯繫的補充說明和對王肯堂唯識思想的補充介紹。

② 普泰的《八識規矩補注》及《百法明門論解》，分別見《大正新修大藏經》第 45 冊，No.1865，第 467 頁下—476 頁中；第 44 冊，No.1836，第 46 頁上—52 頁下。

③ [明] 王肯堂：《成唯識論集解序》，《卍新纂續藏經》第 50 冊，No.

事，也應該是故事發生的近一百年前了。聖嚴將它與"無著菩薩夜請彌勒菩薩下來説法，誦出《十七地經》，唯無著得近彌勒，餘人但得遙聞的傳説"相比^①，也是十分妥帖。

如果將紫柏所説普泰從無名翁嫗處請教而得相宗之傳的故事與普泰二書結合起來，則基本可以推導出此二書乃與無名翁嫗講授内容有關。後人也的確做此理解，即使普泰自己並無明確説法。

《百法明門論》的作者為世親，譯者為玄奘，全文僅數百字，"自《瑜伽［師地］論》本事分中略録百法之名數者"^②，即是對彌勒所列唯識名相的擇要記載。該書唐以後歷代均有著録。而普泰的《百法明門論解》稱注解者為窺基，並稱自己只是窺基注解的增修者。由於窺基的諸多唯識注疏在唐以後便亡失無存，因而《百法明門論解》的刊印也可以被視作窺基注疏文字在明末的首次失而復得，影響不可謂不大。

而普泰的另一部注疏《八識規矩補注》則影響更巨。普泰在其"序"中首先闡述唯識思想史上對法理之論述的"或自略，或自廣，或由略以至廣，由廣反乎略"的變化發展規律，而後引出《八識規矩頌》的成因："昔天親慮末學心力減而不永，遂撮《瑜伽》之文，述三十頌，精擇而從略，欲人之易入，目曰《唯識三十論》。後護法諸師，各出所見以造釋論，而累帙積軸不勝其廣，是乃欲易而反難。由是諸師又各撼辭理精粹者，束為十卷，曰《成

0821-A，第658頁中。

① 聖嚴：《明末佛教研究》，第210頁。

② 參見丁福保《佛學大辭典》"百法明門論"條（上海：上海書店出版社，1991年，第960頁）。

唯識》。暨奘三藏至自西域，輒翻此論，其《八識頌》實出於斯。"[①]
易言之，《八識規矩頌》乃是玄奘為《成唯識論》編撰的一個簡
本，一如《唯識三十頌》或《百法明門論》是《瑜伽師地論》的
簡本。明昱在《八識規矩補注證義》中也支持這一說法："玄奘大
師，糅茲十釋，譯成十卷，遂使文同義異，若一師之制焉。雖則
精約，記憶猶艱。造《八識頌》以統其緒，分四章以括其猷。"[②]
虛中廣益則在其《八識規矩纂釋》中進一步指明，此頌是玄奘應
窺基之請而作："窺基法師乃奘師弟子，因見本論十卷文廣義幽，遂
請奘師集此要義，名集施頌，集諸法義惠施眾生。"[③]

　　普泰在《八識規矩補注》中並未談及他如何複得玄奘《八識
規矩頌》，而是在言詞中暗示，他並非對《八識規矩頌》作注解，而
只是對已有多種抄本的注解作補正："欲從略而入，此八識頌不得
不作。頌既出則語略而義深，此又不得不加之以注。為注之人不
書其名，往往皆抄錄之本，故不無三豕之訛。今但義缺字訛者，補
而正之。"[④]明昱在《八識規矩補注證義》中也說："舊有注釋，筆
授多舛。"[⑤]這些說法，不得不引發今人的猜測：玄奘《八識規矩

---

① ［明］普泰：《八識規矩補注》，《卍新纂續藏經》第45冊，No.1865，第
467頁下。

② ［明］明昱：《八識規矩補注證義》，《卍新纂續藏經》第55
冊，No.0890，第386頁下。

③ ［明］廣益：《八識規矩纂釋》，《卍新纂續藏經》第55冊，No.0894，第
425頁下。

④ ［明］普泰：《八識規矩補注》，《卍新纂續藏經》第45冊，No.1865，
第467頁下。

⑤ ［明］明昱：《八識規矩補注證義》，《卍新纂續藏經》第55
冊，No.0890，第385頁下。

頌》在晚明時期曾經是公認的事實，而且那時已經有各種抄録和無名補注問世。

可是《八識規矩頌》歷代都未入佛教經藏，也從未被提及，這也是事實。從目前查到的資料來看，僅元代著名書法家鮮于樞（1246—1302）在其《困學齋雜録》中録有與《八識規矩頌》幾近一致的八句詩頌："日休八識（眼、耳、鼻、舌、身、意、未那識、第八識）詩云：兄弟八個一個癡，其中一個最蹺蹊，五個向外能經紀，止留一個看家計。（第八識云）浩浩三藏不可窮，淵深七浪景為風。愛□特種根身立，去後先來作主翁。不動地邊纔捨藏，金剛道後畢然空。大圓鏡智成無漏，普照十方塵刹中。"[①]可以將其中最後八句與《八識規矩頌》最後八頌加以對照："浩浩三藏不可窮，淵深七浪境為風；受熏持種根身器，去後來先作主公；不動地前纔捨藏，金剛道後異熟空；大圓無垢同時發，普照十方塵刹中。"其中的文字抄寫或刊印訛誤，恰好印證普泰"三豕之訛"的説法。

然而普泰所説對《八識規矩頌》的各種無名補注，至今尚未發現。或許普泰的《八識規矩頌補注》就是出自無名氏之手的《八識規矩頌》注解，而普泰的工作如其所説果真只是對此注解的"補

---

① [元] 鮮于樞：《困學齋雜録》，《景印文淵閣四庫全書》第 866 冊，臺北：臺灣商務印書館，1986 年，第 10 頁。另可參見傅新毅："其所謂《八識詩》，大半同於《八識規矩頌》，二者孰為原創殊難斷定。惟作者'日休'，疑或即南宋時龍舒居士"（氏著：《玄奘評傳》，南京：南京大學出版社，2006年，第 216 頁，注 2）。按，王日休（？—1173 年），字虛中，龍舒（今安徽省舒城）人，宋國學進士。此外，這裡的"日休"，亦可能是徐天錫（985—1033），北宋天禧間進士，字日休，海州人。參見北京大學古文獻研究所編：《全宋詩》第 3 冊，北京：北京大學出版社，1998 年，第 1748 頁。

而正之"。甚而至於，這些無名的注疏在當時就有可能被懷疑為窺基散失的唯識書稿。憨山在《八識規矩通説》中便曾提到："窺基舊解，以論釋之，學者難明。"① 可是在普泰的"序"和其他相關注疏的"序"中並不能找到對此推測的進一步支持。

由於玄奘在印度取經期間所著《會宗論》（三千頌）、《制惡見論》（一千六百頌）、《三身論》（三百頌）均已佚失，而回國後又始終譯而不作，因此《八識規矩頌》四章四十八頌的發現，意味著玄奘惟一留存著述文字的失而復得②，其意義固然遠大於窺基的《百法明門論解》的重新發現，也大於可能源自窺基的《八識規矩頌補注》的重新發現。由此不難理解，明末有心復興義學的高僧，大都對這部被普泰稱作"文略而義深""擴充之則唯識理事無遺矣"③ 的《八識規矩頌》作過注疏講演，以此為基本修習工夫。雪浪洪恩更是將其列為"相宗八要"之一。按照聖嚴的統計，普泰《八識規矩補注》之後，晚明還有關於《八識規矩頌》的注疏六部，按刊印年代先後排列為：度門正誨《八識規矩略説》（1589）、高原明昱《八識規矩補注證義》（1609）、憨山德清《八識規矩通説》（1621）、虛中廣益《八識規矩纂釋》（1622）、溤

---

① ［明］德清：《八識規矩通説》，《卍新纂續藏經》第 55 冊，No.0893，第 420 頁中。

② 關於學界對《八識規矩頌》真偽的討論，筆者在前引拙著《新譯〈八識規矩頌〉》所撰"導讀"中已經有所討論，這裡不再贅言，參見倪梁康：《玄奘〈八識規矩頌〉新譯》，《現代哲學》2006 年第 1 期，第 67—77 頁，尤其是第 74—76 頁。

③ ［明］普泰：《八識規矩補注》，《卍新纂續藏經》第 45 冊，No.1865，第 468 頁上。

益智旭《八識規矩直解》（1647）。

此外，王肯堂的老師紫柏真可也著有《八識規矩解》，只是刻印年代不明。而王肯堂自己著有《八識規矩集解》，固當在情理之中。只是為何身前沒有刊發，還有待考證。一個合理的假設是，王肯堂在其生命的最後兩年裡，雖老病臥床，"久廢筆研"[①]，仍能勉力完成《成唯識論證義》與《因明入正理論集解》二書，以及為通潤《成唯識論集解》與明昱《成唯識論俗詮》二書的兩篇序文，共計 35 萬字有餘，此後殫精竭慮，耗盡心血，無力再將《八識規矩集解》整理刊印發佈。他辭世幾年後該書纔由其後人完成刻印。書無序跋，也從側面證明它不是王肯堂身前刻印的著述，而應當是他去世前雖已完成、但未及刊佈的遺稿。

關於《成唯識論證義》與《因明入正理論集解》兩部論著的產生背景，王肯堂在二書的"自序"以及《成唯識論俗詮序》《成唯識論集解序》中做了充分的交待。而關於他的另一本書《八識規矩集解》，王肯堂在這兩部書的序言中都隻字未題。且該書名在至今為止可知的所有文獻中也都未曾被提及。由於《八識規矩集解》無序跋，它的自我說明也就無從所得。但它並非只是由中山大學圖書館特藏部的孤本提供的孤證。至少在文獻中發現可以看到對它的引用或抄錄：

其一，在虛中廣益的《八識規矩纂釋》中，至少可以找到七處與王肯堂《八識規矩集解》內容相同的長段論述。由於《纂釋》刻印於王肯堂於 1613 年去世之後多年，因而若他們二人不是共同

---

①［明］王肯堂：《成唯識論集解序》，《卍新纂續藏經》第 50 冊，No. 0821-A，第 658 頁下。

錄自此前他人的文本，那麼剩餘的可能性唯有一種：在《纂釋》刻印之前，《集解》已刻印傳佈[①]；《纂釋》引錄了已出版的《集解》內容。這恰好可以印證憨山德清在"天啟壬戌[1622]夏日"為《纂釋》所做"序"中的說明："此《規矩纂釋》者，以古解單用論文，故學者難入。今時有《證義》《集解》，亦互有出入，故學者猶難取裁。今此纂以古《補注》為主，互取二家及本論釋文，融成一貫而參以直解，詳略相因，遞相發明。"[②]憨山德清在此所說的《證義》，無疑是高原明昱的《八識規矩補注證義》（1609），而這裡所說的《集解》，則應當就是王肯堂的《八識規矩集解》，而非紫柏真可的《八識規矩解》。由此可以得出，《集解》在明末還是界內熟知的事實。

其二，清初著名學者錢謙益在其《大佛頂首楞嚴經疏解蒙鈔》卷八解釋《八識規矩頌》中"金剛道"時曾引述王肯堂的一段話："《八識頌》云'金剛道後異熟空'，《注》云：'從無始至等覺位，名異熟識。從斷惑來，名金剛道。金剛道後，即解脫道。'《論》云：'有義：所餘有漏法種及劣無漏，金剛喻定現在前時，皆已棄捨，與二障種俱時捨故。'王肯堂曰：'《大論》云：始從初心，至金剛頂，皆破無明，顯法性。餘一品在，即名為佛。'首楞嚴金剛心，即觀察之別名，言其堅利，皆壞一切，故曰金剛。金剛道，即等覺也。無明有生住異滅四十品，從滅斷起，至金剛道後，方斷

---

① 在中山大學圖書館特藏部所藏王肯堂《集解》孤本中夾有"善本圖書登錄表"，上面載有對刻印時代的標明："八識規矩解，王肯堂撰，二冊，明天啟中刻本（1621—1627年）。"但未說明此年代確定的根據。

② 見憨山德清為《八識規矩纂釋》所作小敘（《卍新纂續藏經》第55冊，No.0894-A，第425頁中）。

生相無明，即子時無明，異熟種子方空也。'"①這段話雖未給明王肯堂論述的出處，但其具體内容與王肯堂《八識規矩集解》中最後解釋金剛道的相關段落只有幾字之差。由此可知，王肯堂的這部注疏在清代仍在傳佈之中，散失不名應是此後發生的事情。②

六、《八識規矩集解》發現始末及編校説明

2014 年 5 月末，筆者邀請臺灣政治大學林鎮國教授與香港中文大學姚治華教授來穗參加我的兩位撰寫現象學與唯識學比較研究論文的博士生的學位答辯。恰好此時林鎮國的一位博士生在查詢中山大學圖書館特藏部的一部藏書。此書在"高校古文獻資源庫"網站中可以查到：《八識規矩解》一卷，（明）王肯堂撰，明刻本，2 册，中山大學，索書號 1422。但該學生懷疑此書並非王肯堂所撰，而可能是他老師紫柏真可被收入續藏的同名著作《八識規矩解》，因此希望能夠幫助查明。林鎮國來穗前將學生的信轉發給我。因我在撰寫《玄奘〈八識規矩頌〉新譯》時對《八識規矩頌》的各個詮釋文本以及對王肯堂的著述有所關注和研究，依稀記得他只留下《成唯識論證義》與《因明入正理論集解》

---

① 參見 [清] 錢謙益：《楞嚴經疏解蒙鈔》卷 8，《卍新纂續藏經》第 13 册，No.0287，第 740 頁中、下。——該文獻所引王肯堂"餘一品在，即名為佛"一句，在王肯堂《集解》《摩訶止觀》都作"餘一品在，除此一品，即名為佛"。

② 在中山大學圖書館特藏部所藏王肯堂《八識規矩集解》之孤本中，還可以看到其中清佚名讀者留下的朱筆和黑筆批註。從筆跡來看，這些批註有可能出自錢謙益之手。這也意味著，這個孤本或許是錢牧齋絳雲樓爐餘秘笈之一。但由於書中未留任何錢氏藏書鈐印及題記，這裡只能以"清佚名"冠之。

二書，故而起初也與這位臺灣學生一樣相信這只是圖書館的誤録
而已。我隨即請助手去圖書館特藏部借閱查看，最終卻驚喜發現
該明代寫刻本確非名稱誤録，而可能是王肯堂去世後數年由其後
人或弟子刻印出版的遺著。由圖書館特藏部執行主任王蕾博士提
供的具體查證資訊為："八識規矩解，一卷，（明）王肯堂撰，明
刻本，清佚名批點，二冊，九行十八字，小字雙行同，白口，四
周單邊，單魚尾。此書《中國古籍善本書目》僅録本館有藏，臺
灣、日本均無此書藏版，故系珍貴孤本。"

　　從外表看，該善本帶函套，分兩冊，第一冊二十六頁，第二
冊三十二頁，全書總計五十八頁［版心頁碼］。書中有蛀痕、有缺
字。首頁蓋有"國立第弎中山大學圖書館藏書"印章，應屬 1927
年 8 月至 1928 年 3 月期間收入館藏的書籍。

　　此外，此善本中夾有三張圖書登録表，具體產生年代不詳，但
以估測的先後排序：其一為"善本圖書登録表"："八識規矩解，王
肯堂撰，二冊，明天啟中刻本（1621—1627 年），行款：九行，十
八字，版匡：一九.五，朱筆圈點，朱筆書眉批註。"其二為"國
立中山大學善本書籍表"："八識規矩解，二冊，王肯堂，刊本，有
批。"其三為："中山大學圖書館善本圖書登録表"："八識規矩，不
分卷，（明）王肯堂集解，明末寫刻本，佚名朱墨批校，二冊，九
行，十八字，白口，四周單邊。卷端下題'金壇居士王肯堂集解'，版
心上鐫'八識規矩解'。從版式紙質為明刻本。"

　　隨後，筆者征得中山大學圖書館館長程煥文教授同意，在圖
書館特藏部執行主任王蕾博士的協助下，將此《集解》掃描、謄録、
標點、校勘、整理，最終以目前的形式刊行出版。這應當是保存一
本好書的最好方法。

　　由於《集解》保存完好，字跡清晰，雖有若干蛀跡與缺字，仍可根據上下文和唯識古典彌補殘缺，所以整個抄録過程未遇很多障礙，進展順利。鑒於《集解》在歷史文獻中僅被引録過一次，因此推測它很可能是數量極少的私家刻本，主要留作家族後世收藏用。其中存有若干書法異體字、可能的錯別字，筆者在編校過程中做了盡可能的標明。

　　王肯堂在《集解》中有對《瑜伽師地論》《顯揚聖教論》《大乘五蘊論》《成唯識論》《宗鏡録》《唯識開蒙》《百法明門論》《八識規矩補注》等古本有或零星或整段的引録與轉引。筆者在編校過程中對此未做標示。但對其中與同時代《八識規矩頌》的注疏相近、相同之處，尤其是其中幾個與虛中廣益《八識規矩纂釋》中的内容相同的段落，筆者則盡可能予以注明，或可為日後查證《集解》的刊印年代作參考用。

　　《集解》中有清佚名朱筆和黑筆的批註與圈點。兩者似出自同一人之手，為前後多次批註圈點，時而黑筆在先，朱筆在後，時而反之，因黑筆批註上加有朱筆勾畫圈點，反之亦然。筆者將這些批註以註腳形式標出[①]，以供今天的讀者作輔助參考。

　　《集解》中的繁異體字，盡可能按原版排印，也與《續藏經》中所收王肯堂兩部著作的刻印方式相同，如"粗"作"麁"或"麤"，"藏"作"蔵"，"眾"作"衆"，"舍"作"捨"，"才"作"纔"，"遍"作"徧"，"焰"作"燄"，"往"作"徃"，其餘如曆—歷，疏—疎，淫—婬，悶—潣，毗—毘，慚—慙，昏—昬、惛，暖—煖等，不一而足。

---

　　① 本次出版，在版面上把這兩種批註做成了小字夾注，詳見第 149 頁腳註②中的説明。

《集解》依四十八句頌分段，對各頌的解釋均連貫到底，不再分段落。文中所有分段均出自筆者。

七、結尾處的感言與感謝

明末的唯識注疏著作，包括王肯堂的三部在內，其基本特點在筆者看來都可概括為：糅茲諸釋，彙聚群分，不恃己見，惟溯古訓。這些特點從一方面意味著對玄奘之慈恩學脈的應和與承繼，自不待言；然更值得注意的是另一層面，即此時的唯識學家們不論出身如何，都自覺地站到了一個與禪宗不立文字、不執名相、輕忽義學、流於空疏之時弊針鋒相對的立場上。就此角度來看，與晚明唯識學復興有重重因緣關係的首先還不是相宗與性宗的本體論之辯，而是相宗與禪宗的方法論之諍。

聖嚴認為："及至明朝末年，實際上的中國佛教，可以說是以禪宗為中心的佛教。"[①]事實上這個狀況不僅限於明末以前，而且一直延續至今。相宗在中國佛教史上多次扮演匆匆過客的角色。其影響之所以仍不可小覷，乃是因為這個角色多半是禪宗主流的或隱或顯的對立面，成為對在中國佛教中占主導地位的思想方法與表述風格的一種牽制和收斂的力量。佛教思想史上常見此類風景。在明末之前可以五代時永明延壽禪師為例。他當年編集《宗鏡錄》的動機，也主要淵源於此："近代相承，不看古教，唯專己見，不合圓詮。"他明確表達自己的寫作意圖說："今時學者，全寡見聞，恃我解而不近明師，執己見而罔披寶藏，故茲編錄，以

① 參見聖嚴：《明末中國佛教之研究》，釋會靖譯，臺北：法鼓文化事業股份有限公司，2009年，第14頁。

示後賢，莫踵前非，免有所悔。"①而在明末之後則可以清末民初的佛教復興首發軔者楊文會為例。他一方面極力批評禪宗弊病："慨自江河日下，後後遜於前前。即有真參實悟者，已不能如古德之精純。何況杜撰禪和，於光影門頭，稍得佳境，即以宗師自命。認賊為子，自誤誤人。豈惟淺深不同，亦乃真偽雜出。"另一方面，他特別強調法相唯識學的重要性，徵引王肯堂的名言而告誡學佛者："參禪習教之士，苟研究此道而有得焉，自不至顢頇佛性、儱侗真如，為法門之大幸矣。"②可見他推崇法相唯識的意圖也與前述牽制與收斂的訴求密切相關。正是在此宗旨引導下，楊文會培育出了僧俗兩界弘揚法相唯識的旗幟性人物太虛和歐陽漸，使沉寂已久的法相唯識學於現代再成復興之勢。

一雨通潤在刻印《成唯識論集解》前致函王肯堂，其中表達的觀點或可代表晚明大多唯識注疏家的想法："近世解內典，各出己見者多。第性宗理圓，作聰明注釋，亦無大礙；相宗理方，一字出入，便謬以千里矣。不佞雖有臆見，目未曾經考證，口未曾經商確者，皆不敢入解。今入解者，不過撮古人言句以成文耳。"他隨即問道："不識能當明公之心否？"王肯堂答："嗚呼，此正余之心也！"③

這裡還要說明最後一點：禪宗與相宗，在佛教思想史上並不

---

① [宋] 延壽：《宗鏡錄》卷 43、卷 61，《大正新修大藏經》第 48 冊，No.2016，第 671 頁上、第 762 頁下。

② [清] 楊文會：《十宗略說》，見氏著，周繼旨點校：《楊仁山全集》，合肥：黃山書社，2000 年，第 153 頁。

③ [明] 王肯堂：《成唯識論集解序》，《卍新纂續藏經》第 50 冊，No.821-A，第 658 頁中。

必定意味著某種在對佛典義理和名相概念的離心與向心之間的緊張。這裡所引通潤所謂"目未曾經考證，口未曾經商確者，皆不敢入解"與智旭所說"不敢更衍繁文，只圖直明心觀"①之間，存在著某種共同的東西。如今的現象學會將此稱作"觀念直觀"。即是説，相宗與禪宗，並不一定意味著非圓即方或非方即圓的兩個極端，而有可能是"至方而至圓，至賾而不亂，至深細而非幻罔，至詳明而有綱要"②的共用立場與視角。唯在此方可做到：既能"向這裡著得一眼，分得清楚"③，同時又能"與馬鳴、天親同一鼻孔出氣"④。

＊　　　　＊　　　　＊

還在筆者出版《新譯〈八識規矩頌〉》（臺北：三民書局，2005年）後不久，廣東省民族宗教研究院夏志前研究員便提供在《八識規矩頌》的年代問題上有關鮮于樞《困學齋雜録》的信息。由此證知《八識規矩頌》的內容至少在明代之前便有流傳。這裡特別要對夏志前研究員表示感謝！

特別感謝中山大學圖書館館長程煥文教授和特藏部執行主任王蕾博士在此書刊印出版方面提供的大力支持與幫助！

①〔明〕智旭：《成唯識論觀心法要緣起》，《卍新纂續藏經》第 51 冊，No.824，第 297 頁中。

②〔明〕智旭：《重刻成唯識論自考録序》，《卍新纂續藏經》第 51 冊，No.0823-A，第 145 頁下。

③〔清〕行舟：《八識規矩頌注》，《卍新纂續藏經》第 55 冊，No.0897，第 441 頁下。

④〔清〕智旭：《重刻成唯識論自考録序》，《卍新纂續藏經》第 51 冊，No.0823-A，第 145 頁下。

　　全文完成後，又請李志璋同學通讀、核對、校改。其間有許多
謄錄和標點方面的筆誤與訛謬得到發現和糾正，使此文本的準確
性得以有效提高。同時他也提出諸多文獻考證與出版資訊的提示
與建議，筆者受益甚多。這裡要特別致謝於他！

　　王肯堂曾感慨：“目力一不到，率爾下筆，則有自誤誤人之
咎。嗚呼，可不慎哉！”[①]筆者深有同感。雖盡全力做到慎之又慎，卻
相信仍有差誤未能揀盡，還望方家隨時指正為盼！

---

　　①［明］王肯堂：《成唯識論集解序》，《卍新纂續藏經》第 50
冊，No.0821-A，第 658 頁上。

八識規矩集解

　　八識者，一、眼識，二、耳識，三、鼻識，四、舌識，五、身識，六、意識，七、末那識，八、阿賴耶識。前六從依得名，第七相應立號，第八功能受稱。從依得名者，如依眼之識，名為眼識，乃至依意之識，名為意識，六識皆從所依之根以立其名。具有五義❶：〖五義，曰依、發、屬、助、如。頌言“依”者，五義之一也。〗②一、眼中之識，故名眼識。依眼處所，識得生故。又由有眼，識得有故。所以者何？若有眼根，識定生，不盲瞑者，乃至闇中亦能見故。不由有色，眼識定生，以盲瞑者不能見故。二、眼所發識，故名眼識。由眼變異，識

---

　　❶ “前六從依得名……具有五義”，見雲峰《唯識開蒙問答》卷上“八識得名”章，《卍續藏》55 冊 888 號，第 347 頁下 23 至第 348 頁上 2。——王肯堂《八識規矩集解》的體例是“集解”，會集了諸多明代的《八識規矩頌》注疏，此陰圈碼的角標及相應的腳註，主要標注本文的文字出處，而在“集解”的過程中，本文對所會集的注疏進行了部分改寫，故與原文或有差異。又因明代的唯識注疏大多源自永明延壽《宗鏡錄》、雲峰《唯識開蒙問答》等著作，故在此優先標注最早的出處。

　　② 此為中山大學圖書館特藏部藏明代寫刻本中清佚名批註，〖 〗內原為朱筆批註，【 】內原為黑筆批註。

亦變異，色雖無變，識有變故。如迦末羅病[①]，損壞眼根，於青等色，皆見為黃。三、屬眼之識，故名眼識。由識種子，隨逐於根，而得生故。非色種子，識種隨也。四、助眼之識，故名眼識。作彼損益故。所以者何？由根合識，有所領受，令根損益，非境界故。五、如根之識，故名眼識。俱有情數之所攝故。非彼色法，定是無情。根五義勝，故說依根，眼識既然，餘識亦爾。❷相應立號者，第七由與四惑相應，號曰末那，具足應云訖利瑟吒耶末那。此翻染污意，謂我癡、我見、我慢、我愛四惑常俱，故名染污；恒審思量，名之為意。思量第八，度量為我，如是思量，唯第七有，餘識所無，故獨名意，復能了別，名之為識。問：前第六識名意識，今此識亦名意，何耶？曰：第六識依根得名，此識當體立號。第六識雖能分別五塵好惡，而由此識傳送相續執取也。依根者，根即第七識也。當體者，即分別之體也。❸功能受稱者，第八由具三藏義，故名為阿賴耶。真諦就名，翻為無沒識，取不失義故。奘師就義，翻為藏識，能含藏諸法種故。能藏、所藏、執藏，是名三藏。持種義邊，名為能藏；受熏義邊，名為所藏；七執為我，名為執藏。與雜染互為緣故，有情執為內自我故。由斯三義，而得藏名。藏即

---

① 梵語：kāmalā，又作迦摩羅。據《佛光大辭典》：黃疸病之一種，譯為黃病、癩病、熱病、大風病。《瑜伽師地論》卷十五將其歸入“顯錯亂”：“顯錯亂者，謂於餘顯色，起餘顯色增上慢，如迦末羅病損壞眼根，於非黃色悉見黃相。”此外，《大般涅槃經》《成唯識論述記》等對此病均有記載。

❷ “眼中之識故名眼識。依眼處所識得生故⋯⋯餘識亦爾”，見安慧《大乘阿毘達磨雜集論》卷2，《大正藏》31冊1606號，第703頁中1至12。

❸ “相應立號⋯⋯即分別之體也”，見虛中廣益《百法明門論纂》，《卍續藏》48冊803號，第315頁下1至8。

識也，故曰功能受稱。**❶** 規矩者，規所以為圓之器，矩所以為方之器，謂此四十八句頌文，乃八識之規矩。八識是所依之主，是勝；規矩是能依之賓，是劣。將劣就勝，以勝顯劣，云八識之規矩，依主釋也。又名依士釋者，謂劣法是勝法之士用故。今將劣法解於勝法，勝法從劣法以彰名，則八識非規矩弗顯，依士釋②也。**❸**

前五識頌（1—12句）④

1. 性境現量通三性

此下十二句，頌眼、耳、鼻、舌、身等五識。五識唯緣實五塵

---

❶ "功能受稱者……故曰功能受稱"，見虛中廣益《百法明門論纂》，《卍續藏》48 冊 803 號，第 315 頁下 10 至 18。

② 解釋梵語複合詞有六種文法規則，第二種是依主釋。按《宗鏡錄》卷四，依主釋自身又分為兩種："第二依主釋者有二：一、依主釋，二、依士釋。依主者，有法以勝釋劣，將劣就勝以彰名，如言眼識，眼是所依即勝，識是能依即劣，以勝眼釋劣識故。將劣就勝以彰其名，眼之識故，依主釋也。或以別簡通，依主即別名勝，通名劣。二、依士釋者，謂劣法是勝法之士用故，今將劣法解於勝法，勝法從劣法以彰名。如言擇滅無為，擇滅是有為即劣，無為即勝，將勝就劣以彰名，依士釋。是知心王為勝，一切法盡心法，又心是所依即勝，法是能依即劣，以劣顯勝，心之法故，即依主釋。無有一法不屬心者，若以一切法顯心，以劣彰勝，法之心故，即依士釋。"

❸ "八識者……依士識也"一段引論，與高原明昱《八識規矩補注證義》引論（《卍續藏》55 冊 890 號，第 396 頁上 11 至中 24）基本相同，亦糅《宗鏡錄》。"八識者……第八功能受稱"，也與虛中廣益《八識規矩纂釋》引論首句（《卍續藏》55 冊 894 號，第 425 頁下 6 至 8）相同。

④ 本標題和後面三個同類的標題，及頌文前 1—48 的編號，乃編校者所加。

境，即不緣假。但任運而緣，不作行解，不帶名言，得法自相❶，故於三境中唯緣性境，三量唯是現量。頌云"性境不隨心"②，"性"是實義，即實根塵四大，及定果色等相分境；言"不隨心"者，為此根塵等相分，皆自有實種生，不隨能緣見分種生故。❸現量具三義：一、現在，簡過、未；二、顯現，簡種子；三、現有，簡無體法。❹量者，量度，是楷定之義，謂心於境上度量，楷定法之自相不錯謬，故名量。❺現量者，即不度量也。《圓覺經》云："譬如眼光，照了前境，其光圓滿，得無憎愛。"可證五根現量，不生分別，其眼光到處，無有前後，終不捨怨取親，愛妍憎醜。例如，耳根不分毀讚之聲，鼻根不避香臭之氣，舌根不揀甜苦之味，身根不隔澀滑之觸，以率爾心時，不分別故。剎那流入意地，纔起尋求，便落比量，則染淨心生，取捨情起。❻《智證傳》云："第六

---

❶ "五識唯緣實五塵境，即不緣假。但任運而緣，不作行解，不帶名言，得法自相"，見永明延壽《宗鏡錄》卷53，《大正藏》48冊2016號，第725頁中10至12。

② 此頌最初源自窺基《成唯識論掌中樞要》中的引錄："頌曰：性境不隨心，獨影唯隨見，帶質通情本，性種等隨應。"傳為玄奘所造。

❸ "'性'是實義，即實根塵四大，及定果色等相分境；言'不隨心'者，為此根塵等相分，皆自有實種生，不隨能緣見分種生故"，見《宗鏡錄》卷68，《大正藏》48冊2016號，第797頁下15至19。

❹ "現量具三義：一、現在，簡過、未；二、顯現，簡種子；三、現有，簡無體法"，見《宗鏡錄》卷49，《大正藏》48冊2016號，第704頁中23至下8。

❺ "量者，量度，是楷定之義，謂心於境上度量，楷定法之自相不錯謬，故名量"，見《宗鏡錄》卷49，《大正藏》48冊2016號，第703頁上20至21。

❻ "《圓覺經》云……取捨情起"，見永明延壽《宗鏡錄》卷53，《大正藏》48冊2016號，第726頁下5至13。

識,動有分別,不動即等周法界。五現量識等一一根皆徧法界。眼見色時,色不可得,元來等法界。耳、鼻、舌、身,一一亦復如是。五識現量,名曰圓成。永明曰:'初居圓成現量之中,浮塵未起;後落明了意根之地,外狀潛形。'謂是故也。"❶三性謂善、不善、無記,解見第六。問:第五無分別,何與第六同通不善?曰:五、六相須,有隨念分別時,與瞋等惡所俱起,故成不善。問:何為相須?曰:五由六而方生,六由五而明了。前五與六為明了門,六與五為分別依,是相須理。❷

2. 眼耳身三二地居〚此五識界地也。〛

三界分為九地,欲界一地,【四禪,色界也,有四地。四空,無色也,有四地。併欲界一地,共九地。】五趣雜居,具有八種識。色界初禪一地,只有六識,無鼻、舌二識,❸為上界無段食故,緣段食以香、味、觸三塵為體。既無段食,無香、味境,鼻、舌不生,何以故?根、境二和,識方得生。既闕境緣,識不生故。❹從二禪已上,乃至無色界以來,唯有後三識,【意、七、八。】無前五識。【眼、耳、鼻、舌、身。】欲界,人、天、鬼、畜四趣,皆具八識;就地獄趣中,無間

---

❶ "《智證傳》云……謂是故也",見慧洪《智證傳》卷1,《卍續藏》63冊1235號第187頁中15至20。"《圓覺經》云……謂是故也",與虛中廣益《八識規矩纂釋》中的相關段落基本相同。

❷ "問:第五無分別……是相須理",見雲峰《唯識開蒙問答》卷上,《卍續藏》55冊888號,第351頁下13至18。"問:何為相須……是相須理",與虛中廣益《八識規矩纂釋》中的相關段落基本相同。

❸ "欲界一地……無鼻、舌二識",見《宗鏡錄》卷55,《大正藏》48冊2016號,第737頁下4至9。

❹ "為上界無段食故……識不生故",見雲峰《唯識開蒙問答》卷上,《卍續藏》55冊888號,第352頁中19至22。

獄無前五識，唯有後三識，或兼無第六，已居極重悶位故。**❶**此舉二地，唯眼、耳、身三識，以例其餘耳。問：何故段食唯欲界有？答：有三欲處，名為欲界，謂飲食、睡眠、婬慾。上界俱無三欲，是故段食唯欲界有。問：何故眼、耳、身三通二界地？答：初禪離生喜樂地，有尋有伺，通初禪有。二禪唯伺無尋，闕一不生。三禪無尋無伺，雙闕不起。問：何故無尋、伺，則識不生？答：尋、伺乃發識之作具，是增上緣。既闕一緣，故識不起。問：何故二禪已去，漸無尋、伺？曰：尋乃發言之麤法，是所厭故。欲生上者，厭下苦麤障，忻上淨妙離，即其意也。**❷**

3. 徧行別境善十一

4. 中二大八貪瞋癡

此五識心所也。心所共五十一種，分為六位：一、徧行，二、別境，三、善心，四、根本惑，五、隨惑，六、不定。此前五識於六位中，唯闕不定。徧行者，徧四一切。四一切者，一、性一切。即善、惡、無記三性。二、地一切。即九地。三、時一切。時即同一剎那時也。此作意等五心所皆同時起，故名時一切。四、俱一切。俱即徧諸心等，與八識俱。意云此作意等五徧行，與八識心王俱起時，必有同時相應五數。又如八識俱起時，皆有徧行五數，故名俱一切。即四一切是所行所徧，觸等五數是能行能徧。徧者是圓義，行者是遊履義、緣境義。**❸**

---

❶ "從二禪已上……已居極重悶位故"，見永明延壽《宗鏡錄》卷55，《大正藏》48 冊 2016 號，第 737 頁下 4 至 9。

❷ "問：何故段食……即其意也"，見雲峰《唯識開蒙問答》卷上，《卍續藏》55 冊 888 號，第 352 頁中 23 至下 8。

❸ "心所共五十一種……緣境義"，見永明延壽《宗鏡錄》卷 57，《大正

徧行有五：〖一、徧行五法，謂意、觸、受、想、思。〗一、作意。謂能警心為性，於所緣境，引心為業。問：作意為在種位能警心，為在現行能警心？答：在種位能警心。以作意自性明利，雖在種位，若有境至，而能警心、心所種，令生起現行。喻如多人同一室宿，外邊有賊來時，衆中有一人為性少睡，便能警覺餘人。此人雖自身未起，而能警覺餘人令起。亦如內心相分，雖與見分同起，法爾有能牽心功能。今作意亦爾，其作意種子，既警彼諸心、心所種生現行；已作意現行，又能引心現行，令趣前境。即此作意有二功能：一、心未起時，能警令起；二、若起已，能引令趣境。初是體性，後是業用。二、觸。謂根、境、識三事和合。分別為體，受依為業。又即三和是因，觸是其果，令心、心所觸境為性，受、想、思等所依為業。觸若不生時，餘受一心所亦不能生。和合一切心及心所，令同觸前境，是觸自性也。即諸心所緣境時，皆是觸功能自性也。即此觸似彼三和，與受等為所依，是觸之業用也。三、受。領納為體，愛緣為業。❶受有五種：苦、樂、憂、喜、捨。逼悅身者，名苦、樂受；逼悅心者，名憂、喜受；不逼不悅，名捨受。五識唯苦、樂二受。❷四、想。謂名、句、文身熏習為緣，取相為體，發言議為業。又，想能安立自境分劑。若心起時無此想者，應不能取境分劑相故。《論》云："於境取像為性，施設種種名言為業。"種種名言，皆由於想，是想功能。釋云："此中'安立'，取像異名。謂

藏》48 冊 2016 號，第 746 頁上 12 至 25。

❶ "徧行有五……愛緣為業"，見永明延壽《宗鏡錄》卷 57，《大正藏》48 冊 2016 號，第 746 頁中 4 至 24。

❷ "受有五種……苦、樂二受"，見雲峰《唯識開蒙問答》卷上，《卍續藏》55 冊 888 號，第 355 頁上 19 至 23。

此是青非青等，作分劑而取其相，名為安立。由此取像，便起名言：此是青等。性類衆多，故名'種種'。"五、思。謂令心造作一切善惡總別報為體，於善品等役心為業。問：作意與思有何分別？曰：心恒動行，名為作意。思惟籌量可行不可行，令心成邪成正，名為思惟。作意如馬行，思惟如騎者。馬但直行，不能避就是非。由騎者故，令其離非就是。思惟亦爾，能令作意離漫行也。此五法，心起必有，故是徧行。餘非徧行。**❶**

別境有五。〖二、別境五法：欲、解、念、定、慧。〗欲等不徧心故，以四境別，名為別境也。一、欲。謂於所樂境，希望為體，勤依為業。又於一切事欲觀察者，有希望故。若不欲觀，隨因境勢任運緣者，即全無欲。由斯理趣，欲非徧行。二、勝解。謂於決定境，如其所應，印解為體，不可引轉為業。又謂邪正等教理證力，於所取境審決印持，由此異緣不能引轉。故猶豫境，勝解全無，非審決心，亦無勝解，非徧行攝。三、念。謂於慣習境，令心明記不忘為體，等持所依為業。又於曾未受體類境中，令不起念，設曾所受不能明記，念亦不生，故念必非徧行所攝。念與定為所依為業用，能生正定，故言定依為業。四、定，亦云等持。謂於所觀境，專注一緣為體，令心不散，智依為業。又由定令心專注不散，依斯便有決擇智生。若不繫心專注境位，便無定起，故非徧行。五、慧。謂於所觀境，簡擇為體，斷疑為業。又於非觀境，愚昧心中無簡擇，故非徧行攝。此

---

❶ "四、想。謂名句文身……餘非徧行"，見永明延壽《宗鏡錄》卷57，《大正藏》48冊2016號，第746頁中24至下1。其中"《論》云"即玄奘《成唯識論》。"釋云……故名種種"，引自窺基《成唯識論述記》卷3，《大正藏》43冊1830號，第332頁上26至29。

別境五隨位有無，所緣、能緣非定俱故。**❶**

　　"善十一"者，《頌》云："善謂信、慚、愧，無貪等三根，勤、安、不放逸，行捨及不害。"**❷**云何為信？謂於有體、有德、有能，心淨為體，斷不信障，能得菩提資糧圓滿為業。一云：於實德能，深忍樂欲，心淨為性，對治不信，樂善為業。云何實深忍？謂於諸法實事理中深信忍故。云何德深樂？謂於三寶真淨德中深信樂故。云何能深欲？謂於一切世出世善深信有力，能得能成，起希望故。**❸❹**又，《識論》云："信以心淨為性。此性澄清，能淨心等，以心勝故，立心淨名。如水清珠，能清濁水。"釋云："唯信是能淨，餘善等皆所淨。故以心王為主，但言心淨，不言心所。水喻心等，清珠喻信體，以投珠故，濁水便清；以有信故，其心遂淨。"云何為慚？謂依自增上及法增上羞恥過惡為體，斷無慚障為業。一云：依自法力，崇重賢善為性，對治無慚，止息惡行為業。自謂自身，法謂教法。謂作是言：我如是身，解如是法，敢作諸惡也？**❺**云何為愧？謂依世增上羞恥過惡為體，斷無愧障為業。一

---

❶ "別境有五……非定俱故"，見永明延壽《宗鏡錄》卷57，《大正藏》48 冊 2016 號，第 746 頁下 1 至 20。

❷ "'善十一'者……行捨及不害"，頌文出自世親《唯識三十頌》，本句或集自雲峰《唯識開蒙問答》卷上，《卍續藏》55 冊 888 號，第 358 頁中 18 至 19。

❸ 本段小注，見雲峰《唯識開蒙問答》卷上，《卍續藏》55 冊 888 號，第 358 頁中 19 至 23，源自《成唯識論》卷 6。"於實德能"，底本誤作"能於實德"，本句見於《成唯識論》卷 6，據《大正藏》本《成唯識論》改。

④ 底本中原為雙行小字夾註。

❺ 本段小注，見雲峰《唯識開蒙問答》卷上，《卍續藏》55 冊 888 號，第 358 頁下 1 至 4；亦見普泰增修《大乘百法明門論解》卷上，《大正藏》44 冊 1836 號，第 48 頁中 18 至 21。

云：依世間力，輕拒暴惡為性，對治無愧，止息惡行為業。世間力，謂世人譏訶。輕拒暴惡，謂輕有惡者而不親，拒惡法業而不作。❶云何無貪？謂於有、有具，厭離無執，不藏不愛，無著為體，能斷貪障為業。有，謂三有之果。有具，謂三有之因。三有者，一、欲有，二、色有，三、無色有。謂三界六道眾生，各隨所作善惡之業，即感善惡之果，因果不亡，故名為有。❷云何無瞋？謂於諸有情，心無損害，慈愍為體，能斷瞋障為業。一云：於苦、苦具，無恚為性，對治瞋恚，作善為業。苦謂三苦。苦具謂苦因。❸云何無癡？謂正了真實為體，能斷癡障為業。一云：於諸事理，明解為性，對治愚癡，作善為業。❹云何勤？一云：精進。謂心勇無惰，不自輕賤為體，斷懈怠障為業。一云：於善惡品修斷事中，勇捍為性，對治懈怠，滿善為業。○問：勤與精進，為是一耶異耶？曰：異。勤通三性，精進唯善。既異，何云勤即精進？曰：謂屬一分是善性者。何謂善惡修斷？曰：於善品修，惡品斷。何謂勇捍？曰：勇者外進，捍者堅牢。勇而無怯，捍而無懼。何

---

❶ 本段小注，見雲峰《唯識開蒙問答》卷上，《卍續藏》55 冊 888 號，第 358 頁下 4 至 7；亦見普泰增修《大乘百法明門論解》卷上，《大正藏》44 冊 1836 號，第 48 頁中 21 至 24。

❷ "有，謂三有之果。有具，三有之因"，見雲峰《唯識開蒙問答》卷上，《卍續藏》55 冊 888 號，第 358 頁下 7 至 9。"三有者……故名為有"，或源自《大明三藏法數》卷 8："三有者，謂欲界、色界、無色界，六道眾生，各隨所作善惡之業，即感善惡之報，因果不亡，故名為有。"（《永樂北藏》181 冊 1615 號，第 691 頁上 9 至 b1）

❸ 本段小注，見雲峰《唯識開蒙問答》卷上，《卍續藏》55 冊 888 號，第 358 頁下 9 至 10；亦見普泰增修《大乘百法明門論解》卷上，《大正藏》44 冊 1836 號，第 48 頁中 26 至 28。

❹ 本段小注，見《成唯識論》卷 6，《大正藏》31 冊 1585 號，第 30 頁上 9 至 10。

謂滿善？曰：圓了善事，名為滿善。是故三根名為作善，此名滿善，能滿彼故。問：《百法》信後便精進，此三根後方說精進，何也？曰：《百法》因依次第，《唯識》立依次第，故不同也。因依者，信為欲依，欲為勤依，是故信後便說勤也。立依者，根依精進，立捨等三，所依四法，理須合說，故三根後方說精進。❶云何輕安？謂遠離麤重，身心調暢為體，斷麤重障為業。一云：遠離麤重，調暢身心，堪任為性，對治昏沉，轉依為業。名輕安者，離重名輕，調暢名安。言堪任者，有所堪可，有所任受。言轉依者，令所依身心，去麤重，得安隱故。❷云何不放逸？謂總攝無貪、瞋、癡，精進為體，斷放逸障為業。一云：精進、三根，於所修斷，防修為性，對治放逸，成滿一切世出世間善事為業。問防修義。曰：於所斷惡，防令不起，所修善法，修令增長，名為防修。問精進、三根。曰：此不放逸，即四法上防修功能，非別有體。問：信等亦有防修功能，何不依立？曰：餘六比四，勢用微劣，故不依立。問：偏何微劣？曰：非善根故，非偏策故。❸云何行捨？謂總攝無貪、瞋、癡為體；依此捨故，得心平等，得心正直，心無發動，斷發動障為業。一云：精進、三根，令心平等正直，無功用住為性，對治掉舉，靜住為業。問行捨名。曰：行蘊中捨，揀受蘊捨，故名行捨。問令心等義。曰：由捨令心離沉、掉時，初心平等，次心正直，後無功用。問：何故行捨同不放逸，亦即四法？曰：離

---

❶ 本段小注，見雲峰《唯識開蒙問答》卷上，《卍續藏》55 冊 888 號，第 358 頁下 12 至 23。

❷ 本段小注，見雲峰《唯識開蒙問答》卷上，《卍續藏》55 冊 888 號，第 358 頁下 23 至第 359 頁上 2；亦見普泰增修《大乘百法明門論解》卷上，《大正藏》44 冊 1836 號，第 48 頁中 29 至下 5。

❸ 本段小注，見雲峰《唯識開蒙問答》卷上，《卍續藏》55 冊 888 號，第 359 頁上 2 至 8；亦見普泰增修《大乘百法明門論解》卷上，《大正藏》44 冊 1836 號，第 48 頁下 5 至 12。

彼四法，無相用故。何知無別？曰：若能令静，即四法故。若所令静，即心等故。既即四法，何須別立？曰：若不別立，隱此能故。**❶云何不害？謂由不惱害諸有情故，悲哀、惻愴、愍物為體，能斷害障為業。❷一云：於諸有情不為損惱，無瞋為性，能對治害，悲愍為業。問無瞋為性？曰：即無瞋上不損惱用，假立不害。❸此十一法，前八是實，後三是假。問：染心所法，有二十六，善唯十一，何也？曰：淨勝染劣，少敵多故。❹**

"中二、大八、貪、瞋、癡"者，此染心所二十六種中，前五識止具十三。根本惑六止具三，謂貪、瞋、癡。隨惑二十，分大、中、小三等。隨者，乃隨其根本煩惱分位差別等流性故。由自類俱起、偏染二性、偏諸染心，此三義皆具名大，具一名中，俱無名小。**❺**

---

❶ 本段小注，見雲峰《唯識開蒙問答》卷上，《卍續藏》55 冊 888 號，第 359 頁上 8 至 15；亦見普泰增修《大乘百法明門論解》卷上，《大正藏》44 冊 1836 號，第 48 頁下 12 至 19。

❷ "云何為信……能斷害障為業"一段，正文皆引自永明延壽《宗鏡錄》卷 57，《大正藏》48 冊 2016 號，第 746 頁下 20 至第 747 頁上 11，源自《顯揚聖教論》卷 1。

❸ 本段小注，見雲峰《唯識開蒙問答》卷上，《卍續藏》55 冊 888 號，第 359 頁上 15 至 17；亦見普泰增修《大乘百法明門論解》卷上，《大正藏》44 冊 1836 號，第 48 頁下 19 至 22。

❹ "此十一法……少敵多故"，見雲峰《唯識開蒙問答》卷上，《卍續藏》55 冊 888 號，第 359 頁上 19 至 21。

❺ "此染心所二十六種中……俱無名小"，與明昱《八識規矩補註證義》文字相似："根、隨染惑二十六種，於前五識止具十三：謂根本惑六中前三，以慢、疑、見唯分別起、非現量故；隨惑二十中之後十，前十小隨強思分別、非任運故。隨惑二十，分小、中、大，由自類俱起、偏染二性、偏諸染心，於此三義，皆具名大，具一名中，俱無名小。"（《卍續藏》55 冊 890 號，第 398 頁中 13 至 18）"自類俱起""偏染二性""偏諸染心"三個標準，源自雲峰《唯識

言二性者，乃不善、有覆。《瑜伽》三卷言四性曰：善、不善、有覆無記、無覆無記。欲界具四，無色、色界唯三，除不善性故。忿等十種，各別而起，行位局故，名小隨煩惱。無慚、無愧二種俱生，非各別起，通前小隨，唯徧在不善法中，名中隨煩惱。掉舉等八種，得俱生故，不可名小，染皆徧故，不可名中，故名大隨煩惱。❶ 此於中隨具二，謂無慚、無愧。大隨具八，謂掉舉、昏沉、不信、懈怠、放逸、失念、散亂、不正知。云何為貪？謂於五取蘊，愛樂、覆藏、保着為體，損害自他、能趣惡道為業。一云：於有、有具，染着為性，能障無貪，生苦為業。何謂生苦？謂由愛力取蘊生故。❷ 云何為瞋？謂於有情欲興損害為體，能障無瞋為業。一云：於苦、苦具，憎恚為性，能障無瞋，不安、惡行所依為業。問不安義。曰：心懷憎恚，多住苦故，所以不安。❸ 云何為癡？謂不正了真實為體，能障正了為業。❹ 一名無明，於諸理事迷暗為性，能障無癡，一切雜染所依為業。問雜染所依。曰：謂由無明起癡、邪定、貪等煩惱、隨煩惱業，能招後生雜染法故。❺ 五識無分別，故無

開蒙問答》卷上，《卍續藏》55 冊 888 號，第 360 頁上 7 至 15。

❶ 本段小注，"言二性者……除不善性"，見普泰《八識規矩補註》卷上，《大正藏》45 冊 1865 號，第 469 頁上 14 至 15；"忿等十種……故名大隨煩惱"，見《大明三藏法數》卷 8，《永樂北藏》181 冊 1615 號，第 673 頁上 1 至 10。"唯徧在不善法中"，底本誤作"偏"，《大明三藏法數》卷 8 作"遍"，據此改。

❷ 本段小注，見《成唯識論》卷 6，《大正藏》31 冊 1585 號，第 31 頁中 19 至 20。

❸ 本段小注，見雲峰《唯識開蒙問答》卷上，《卍續藏》55 冊 888 號，第 359 頁中 3 至 6；亦見普泰增修《大乘百法明門論解》卷上，《大正藏》44 冊 1836 號，第 49 頁上 1 至 3。

❹ "云何為貪……能障正了為業"一段正文，見永明延壽《宗鏡録》卷 57，《大正藏》48 冊 2016 號，第 747 頁上 12 至 16，源自《顯揚聖教論》卷 1。

❺ 本段小注，見雲峰《唯識開蒙問答》卷上，《卍續藏》55 冊 888 號，第

慢等，慢等必由有隨念、計度分別生故。又由慢於稱量門起，劣勝負故，疑猶豫簡擇門起，見推求門起故，五識無此等行相故。**❶** 云何無慚？謂不恥過惡為體，能障慚為業。一云：不顧自法，輕拒賢善為性，能障礙慚，生長惡行為業。**❷** 云何無愧？謂於世增上不恥過惡為體，能障愧為業。一云：不顧世間，崇重暴惡為性，能障礙愧，生長惡行為業。**❸** 云何掉舉？謂依不正尋求，心不寂靜為體，能障奢摩他④為業。一云：令心於境不寂靜為性，能障行捨、奢摩他為業。**❺** 云何昏沉？謂令心憒重為體，能障毗鉢舍那⑥為業。**❼** 一云：令心於境無堪任為性，能

---

359 頁中 6 至 8；亦見普泰增修《大乘百法明門論解》卷上，《大正藏》44 冊 1836 號，第 49 頁上 6 至 9。

❶"五識無分別……五識無此等行相故"，見永明延壽《宗鏡錄》卷 57，《大正藏》48 冊 2016 號，第 747 頁中 8 至 11，源自《成唯識論述記》卷 6，《大正藏》43 冊 1830 號，第 451 頁中 7 至 11。

❷ 本段小注，見《成唯識論》卷 6，《大正藏》31 冊 1585 號，第 33 頁下 19 至 21。

❸ 本段小注，見《成唯識論》卷 6，《大正藏》31 冊 1585 號，第 33 頁下 22 至 24。

④ 梵語：Śamatha，又作舍摩他、奢摩陀、舍摩陀。據《佛學大辭典》："禪定七名之一。譯曰止、寂靜、能滅等"。

❺ 本段小注，見《成唯識論》卷 6，《大正藏》31 冊 1585 號，第 34 頁上 7 至 8。

⑥ 梵語：vipaśyanā，又作毗婆舍那、毗婆奢那。據《佛光大辭典》："觀之義；即以寂靜之慧，觀察六根、六塵內外諸法，使三昧成就而進趣菩提之法"。

❼"云何無慚……能障毗鉢舍那為業"一段正文，見永明延壽《宗鏡錄》卷 57，《大正藏》48 冊 2016 號，第 747 頁下 2 至 5，源自《顯揚聖教論》卷 1。

障輕安、毘鉢舍那為業。❶問：昏沉與癡，行相何別？曰：謂癡於境迷暗為性，正障無癡，而非憒重；昏沉於境憒重為相，正障輕安，而非迷暗，故二不同。❷云何不信？謂於有體、有德、有能，心不〔淨信〕為體；障信為業。❸一云：於實德能，不忍樂〔欲，心〕穢為性，能障淨心，惰〔依為業〕。問惰依業。曰：不信者多懈怠故。問不信〔行相〕。曰：於實德能，不忍樂欲。問：若於〔染法起忍樂〕欲，是不信不？曰：彼即是欲，非是不信。❹云何懈怠？〔謂心不勉勵為〕體，能障發起正勤為業。❺①

---

❶ 本段小注，見《成唯識論》卷6，《大正藏》31 冊 1585 號，第 34 頁上 19 至 20。

❷ "問：昏沉與癡⋯⋯故二不同"，見雲峰《唯識開蒙問答》卷上，《卍續藏》55 冊 888 號，第 360 頁下 13 至 15；亦見《大乘百法明門論解》卷下，《大正藏》44 冊 1836 號，第 49 頁下 21 至 23。

❸ "云何不信⋯⋯障信為業"，本段善本有損，原文應引自永明延壽《宗鏡録》卷 57："十五、不信，謂於有體、有德、有能，心不淨信為體，障信為業。"（《大正藏》48 冊 2016 號，第 747 頁下 7 至 8）源自《顯揚聖教論》卷 1："不信者，謂於有體、有德、有能，心不淨信為體，障信為業，乃至增長不信為業。"（《大正藏》31 冊 1602 號，第 482 頁下 15 至 16）缺字部分據此補，以方括弧標出。

❹ 本段小注，善本有損，原文應改寫自雲峰《唯識開蒙問答》卷上："問：云何不信？答：於實德能，不忍樂欲，心穢為性，能障淨心，墮依為業。問墮依業。答：不信之者多懈怠故。問不信行相。答：於實德能，不忍樂欲。問：若於染法起忍樂欲，是不信否？答：彼即是欲，非是不信。"（《卍續藏》55 冊 888 號，第 360 頁下 15 至 18）或《大乘百法明門論解》卷下："言不信者，於實德能不忍樂欲，心穢為性，能障淨心，墮依為業。言墮依者，不信之者，多懈怠故。"（《大正藏》44 冊 1836 號，第 49 頁下 8 至 10）缺字部分據此補，以方括弧標出。

❺ "云何懈怠⋯⋯能障發起正勤為業"，本段善本有損，原文應引自永明延壽《宗鏡録》卷 57："十六、懈怠，謂心不勉勵為體，能障發起正勤為業。"

一云：於善惡品修斷事中，懶惰為性，能障精進，增染為業。問增染義。曰：謂懈怠者，滋長染故。問：善事懶惰，名為懈怠，惡事策勤，名為何等？曰：亦是懈怠。為退善法故，亦名懈怠。問：無記策勤，為是何等？曰：是欲勝解。❷

云何放逸？謂總貪、瞋、癡、懈怠為體，障不放逸為業。一云：於染淨品，不能防修，縱蕩為性，障不放逸，增惡損善所依為業。問：此放逸以何為體？曰：懈怠、三根，不能防修染淨等法，總名放逸。離上四法，別無體性。問：彼慢、疑等，亦有此能，何不依立此放逸耶？曰：慢等方四，勢用微劣，故不依立。問：此之四法，偏何勝餘慢、疑等也？曰：障三善根，障徧策故，餘無此能，故不勝。❸云何失念？謂染污不記為體，障不失念為業。一云：於諸所緣，不能明記為性，能障正念，散亂所依為業。問散亂所依。曰：為失念者心散亂故。此失念者，念、癡一分。❹云何散亂？謂於所修善心，不喜樂為依止故，馳散外緣為體，能障等持為業。一云：於諸所緣，令心流蕩為性，能障正定，惡慧所依為業。問惡慧所依。曰：謂散亂者發惡慧故。問：散

（《大正藏》48 冊 2016 號，第 747 頁下 8 至 9）源自《顯揚聖教論》卷 1："懈怠者，謂耽著睡眠，倚臥樂故，怖畏升進，自輕蔑故，心不勉勵為體，能障發起正勤為業，乃至增長懈怠為業。"（《大正藏》31 冊 1602 號，第頁下 18 至 20）缺字部分據此補，以方括弧標出。

① 此處善本有損，部分缺字根據所引原典《宗鏡錄》《唯識開蒙問答》《百法明門論解》及上下文增補，以方括弧標出。

❷ 本段小注，見雲峰《唯識開蒙問答》卷上，《卍續藏》55 冊 888 號，第 360 頁下 19 至 23。

❸ 本段小注，見雲峰《唯識開蒙問答》卷上，《卍續藏》55 冊 888 號，第 360 頁下 23 至第 361 頁上 5；亦見《大乘百法明門論解》卷下，《大正藏》44 冊 1836 號，第 49 頁下 12 至 19。

❹ 本段小注，見雲峰《唯識開蒙問答》卷上，《卍續藏》55 冊 888 號，第 361 頁上 5 至 8；亦見普泰增修《大乘百法明門論解》卷下，《大正藏》44 冊 1836 號，第 49 頁下 24 至第 50 頁上 1。

亂、掉舉，二相何別？曰：散亂令心易緣，掉舉令心易解，是二別相。❶云何不正知？謂於三業不正了，住染污慧為體，能障正知為業。❷一云：於所觀境，謬解為性，能障正知，毀犯為業。問毀犯業。曰：不正知者多毀犯故。此不正知，慧、癡一分故。❸問：五識既是性境、現量，如何有染心所？曰：五識本無染法，緣五識起時，以第六為分別依，第七為染淨依，故挾帶染法與之俱起。❹故除忿等十種小隨，慢、見、疑三種根本計度起者不具外，餘皆具也。

5. 五識同依淨色根

此明五識不依境發識，乃依根發識；而依根者，不依浮塵五色根，乃依清淨五色根也。何知定依根發？如眼根變異，眼識必隨變異。如眼病所見青色為黃色，此不是壞境，但是根損，令識取境變為黃色，故知定依根發也。❺浮塵根者，以其虛假不實，故

---

❶ 本段小注，見雲峰《唯識開蒙問答》卷下，《卍續藏》55 冊 888 號，第 361 頁上 8 至 11；亦見《大乘百法明門論解》卷下，《大正藏》44 冊 1836 號，第 50 頁上 6 至 9。

❷ "云何放逸……能障正知為業"一段正文，見永明延壽《宗鏡錄》卷 57，《大正藏》48 冊 2016 號，第 747 頁下 9 至 14，源自《顯揚聖教論》卷 1。

❸ 本段小注，見雲峰《唯識開蒙問答》卷上，《卍續藏》55 冊 888 號，第 361 頁上 11 至 13；亦見普泰增修《大乘百法明門論解》卷下，《大正藏》44 冊 1836 號，第 50 頁上 1 至 6。

❹ "問：五識……與之俱起"，與虛中廣益《八識規矩纂釋》卷 1："問曰：五識既是性境、現量，如何有根惑三、隨惑中二、大八，十染心所耶？答：五識本無染法，緣五識起時，以第六為分別依，第七為染淨依，故挾帶染法與之俱起也。"（《卍續藏》55 冊 894 號，第 427 頁下 6 至 9）一段相同。

❺ "何知定依根發……故知定依根發"，應改寫自永明延壽《宗鏡錄》卷 53："問：眼識等，為復依根發識，依境發識？答：定依根發。《百法》云：眼識依根發識，乃至意識亦爾。若眼根變異，眼識必隨變異。如眼病所見青色

名浮；無見聞覺知之用，故名塵，《楞嚴經》所謂"眼如蒲萄朵，耳如新卷葉，鼻如雙垂爪，舌如初偃月，身如腰鼓顙"是也。❶淨色根亦名勝義根，謂於眼等一分淨色，如淨醍醐，此性有故，眼等識得生，無即不生；為能照境發識，以成根用，〖大抵根能照境，識能了別，此又根、識之所以分也。〗故名勝義，如眼能見色，耳能聞聲，鼻能嗅香，舌能嘗味，身能覺觸是也。❷若浮塵根者，即扶清淨根能照其境，自體即不能照境，為浮塵根是麤顯色，故不妨與清淨根為所依。《五蘊論》云："根者，最勝義、自在義、主義、增上義。"❸問：淨色根竟是何物？曰：此無見有對色。雖有質礙，而非眼所得見。比量所知，非現量得，如何可指？❹問：何法所成？曰：據《唯識》《瑜伽》諸論，則是現行、種子二法所成。由本熏時心變似色，從熏時為名，以四大所造清淨色故。對所生之果識，假説現行為功能，實唯現色。功能生識之義，大、小共成。❺

為黃色，此不是壞境，但是根損，令識取境變為黃色，故知隨根得名。"（《大正藏》48 冊 2016 號，第 724 頁下 29 至第 725 頁上 4）

❶"浮塵根者……是也"，見虛中廣益《八識規矩纂釋》，《卍續藏》55 冊 894 號，第 427 頁下 18 至 21。

❷"淨色根亦名勝義根……身能覺觸是也"，見高原明昱《八識規矩補註證義》，《卍續藏》55 冊 890 號，第 399 頁上 19 至 24。其中"謂於眼等一分淨色……無即不生"，源自《大乘廣五蘊論》，《大正藏》31 冊 1613 號，第 頁上 1 至 3。

❸"若浮根塵者……增上義"，見永明延壽《宗鏡録》卷 53，《大正藏》48 冊 2016 號，第 725 頁上 24 至 28，所引《五蘊論》文與原文稍有出入。

❹"問：淨色根……如何可指"，見虛中廣益《八識規矩纂釋》，《卍續藏》55 冊 894 號，第 428 頁上 5 至 7。

❺"問：何法所成……大、小共成"，見永明延壽《宗鏡録》卷 53，《大正藏》48 冊 2016 號，第 725 頁上 14 至 20。

6. 九緣七八好相鄰

頌曰：“眼識九緣生，耳識唯從八，鼻舌身三七，後三五三四，〖“後三”，六、七、八識也。六識五緣，七識三緣，八識四緣。〗若加等無間，從頭各增一。”❶“九緣”者，一、空。即根境相離，中間無碍，空隙之空也。二、明。即燈日等照燭之明也。三、根。即發識之根也。四、境。即識所緣之境也。五、作意。即徧行中之作意也。六、分別。即第六識也。七、染淨。即第七識也。八、根本。即第八識也。❷九、種子。謂眼等識種子能生現故，亦名親辦自果緣。親實建辦自識現行，名為自果也。❸九緣中種子緣即四緣中親因緣，境緣即所緣緣，餘七即增上緣。❹五識之中，唯眼九緣全具；耳唯八者，唯除明緣，設於暗中亦能聞故。❺“鼻舌身三七”者，除空、明二緣，為暗中亦知香味故。若根境中間空隙不相合者，即身

---

❶“眼識九緣生……從頭各增一”一段偈頌，現存文獻最早見於義忠《大乘百法明門論疏》卷上：“如有頌言：眼識九緣生，耳識唯從八，鼻舌身三七，後三五三四，若加等無間，於前各增一。”（《洪武南藏》205 冊 1368 號，第 253 頁上 2 至 3）本文此頌與下釋文，或改寫自雲峰《唯識開蒙問答》卷上。

❷“頌曰……即第八識也”，與虛中廣益《八識規矩纂釋》（《卍續藏》55 冊 894 號，第 428 頁上 12 至 18）文字相近，或改寫自雲峰《唯識開蒙問答》卷上，《卍續藏》55 冊 888 號，第 351 頁下 20 至第 352 頁上 7。

❸“九、種子……名為自果也”，見永明延壽《宗鏡錄》卷 55，《大正藏》48 冊 2016 號，第 737 頁中 16 至 17。

❹“九緣中種子緣……即增上緣”，見普泰《八識規矩補註》，《大正藏》45 冊 1865 號，第 469 頁下 2 至 4。

❺“耳唯八者……亦能聞故”，見永明延壽《宗鏡錄》卷 55：“若耳識緣徑直之聲，唯具前八緣，除前明緣，設於暗中亦能聞故。”（《大正藏》48 冊 2016 號，第 737 頁中 17 至 19）

不覺觸，舌不知味，鼻不聞香故。❶"後三五三四"者，謂六〖識〗
五〖緣〗，七〖識〗三〖緣〗，八〖識〗四〖緣〗。六識五緣者：一、根，二、
境，三、作意，四、根本，五、種子。空、明之外，又除分別，是自
體故；又除染淨，即根緣故。❷又，第六意識四種中，若定、夢、
獨散，此二即具五緣；若明了意，隨前五識，或七、八、九等，具
緣多少故。❸七識三緣者：一、根，二、作意，三、種子。除根本及
與境緣，為依彼轉緣彼，根本與境，即是根緣故。❹此即第七識有漏
位中緣第八見分為我之時所具。❺八識四緣者：一、根，二、境，三、作
意，四、種子。無分別故，根本即自體故，染淨即根故。❻此即第

---

❶ "除空、明二緣……鼻不聞香故"，見雲峰《唯識開蒙問答》卷上，《卍
續藏》55 冊 888 號，第 352 頁上 12 至 15。

❷ "後三五三四……即根緣故"，或改寫自雲峰《唯識開蒙問答》卷上，
《卍續藏》55 冊 888 號，第 352 頁上 24 至 b2。

❸ "又，第六意識……具緣多少故"，見永明延壽《宗鏡録》卷 55："又，
第六意識四種中，若定、夢、獨散，此三即具五緣；若明了意，隨前五識，或
七、八、九等，具緣多少故。"（《大正藏》48 冊 2016 號，第 737 頁中 23 至 25）
本文"此二即具五緣"之"二"，《大正藏》本《宗鏡録》作"三"，《大正
藏》本校勘記謂元、明本作"二"。《宗鏡録》將意識分為四種，即定中意識、
夢中意識、獨散意識與明了意識，前句謂前三種意識具九緣中的五緣，據文
意應作"此三即具五緣"。

❹ "七識三緣者……是根緣故"，見雲峰《唯識開蒙問答》卷上，《卍續
藏》55 冊 888 號，第 352 頁中 3 至 5。

❺ 本段小注，或改寫自永明延壽《宗鏡録》卷 55："若第七識有漏位中，
緣第八見分為我之時，唯具三緣：一、根本緣，即第八；二、作意；三、種
子。"（《大正藏》48 冊 2016 號，第 737 頁中 25 至 27）

❻ "八識四緣者……染淨即根故"，或改寫自虛中廣益《八識規矩纂
釋》："八識四緣者：根、境、作意、種子。不言根本，即自體故。不言染淨，即

八識緣種子、根身、器世間時所具。❶"等無間"者，乃各識前念已滅，即開闢處所引後【念】令生，中間無隔者也。前念不去，後念不生，為前念自體占自路故，故識生時須用此緣。❷於前八識上，更各添一緣，眼即具十緣等。❸

7. 合三離二觀塵世

眼、耳二識，離中取境；鼻、舌、身三，合中取境。何以知之？曰：知處、不知處異，壞根、不壞根別。如眼知色境在何方，耳知聲從何方來，而鼻、舌、身不知境之處所。故知來處者，表為離知；不知處者，表是合取也。若麤色入眼中，即壞其目；大聲附耳，即使人聾；而香臭入鼻，酸鹹上舌，寒熱着身，三根宛然，分明照境，即知不壞。故知壞者為離取，不壞者為合知也。❹"觀"目能緣見分，即眼等五識及諸心所。"塵世"即所緣相分，乃色等五

根緣故。無分別者，不緣見分，無分別故。"（《卍續藏》55 冊 894 號，第 428 頁中 4 至 6）亦見高原明昱《八識規矩補註證義》："又第八識四緣生者：一、根；二、境；三、作意；四、種子。不言根本，即自體故；不言染淨，即根緣故；無分別者，不緣見故。"（《卍續藏》55 冊 890 號，第 399 頁下 13 至 16）

❶ 本段小注，或改寫自永明延壽《宗鏡錄》卷 55："若第八識緣種子、根身、器世間時，唯具四緣：一、境緣，即前三境；二、根緣，即第七識；三，種子；四、作意。"（《大正藏》48 冊 2016 號，第 737 頁中 27 至下 1）

❷ "'等無間'者……須用此緣"，見雲峰《唯識開蒙問答》卷上，《卍續藏》55 冊 888 號，第 352 頁中 6 至 9。

❸ "於前八識上……眼即具十緣等"，見永明延壽《宗鏡錄》卷 55，《大正藏》48 冊 2016 號，第 737 頁下 1 至 2。

❹ "眼、耳二識……為合知也"，見雲峰《唯識開蒙問答》卷上，《卍續藏》55 冊 888 號，第 352 頁上 15 至 24。

塵也。**❶**

8. 愚者難分識與根【魯注明悉。】

淨色根行相微細，其與識最易淆濫**❷**，非析義精者，不能分之**❸**。故多聞如阿難，猶以眼見心知為言，而佛詰之云："若眼能見，汝在室中，門能見不？則諸已死，尚有眼存，應皆見物，若見物者，云何名死？"**❹**故知眼勝義根如火，既能發識，又能照境；識如人，能了別；境如物。則無根不能發識，無識不能了境，無境不能起見。三法和合，假立為見，故稱眼能見色。**❺**又識之於根，乍出乍入，如鹿在網，猶鳥處羅，啄一捨一，周而復始，無暫休息。識在根籠，亦復如是，或在於耳，或在於眼，來去無定，不可執常。雖復無定，相續不斷。何為不斷？以妙用無間故。**❻**然

---

❶ "'觀'目能緣……色等五塵也"，見普泰《八識規矩補註》，《大正藏》45冊1865號，第469頁下23至25。

❷ "淨色根行相微細，其與識最易淆濫"，見虛中廣益《八識規矩纂釋》，《卍續藏》55冊894號，第428頁下4。

❸ "非析義精者，不能分之"，見高原明昱《八識規矩補註證義》，《卍續藏》55冊890號，第400頁中3。

❹ "若眼能見……云何名死"，見《大佛頂如來密因修證了義諸菩薩萬行首楞嚴經》卷1，《大正藏》19冊945號，第108頁上5至6。

❺ "故知眼勝義根……故稱眼能見色"，或改寫自永明延壽《宗鏡錄》卷54："如眼勝義根如火，既能發識，又能照境；識如人，能了別；境如物。故知無根不能發識，無識不能了境，無境不能起見。三法和合，方成見性。"（《大正藏》48冊2016號，第730頁中3至6）及《宗鏡錄》卷54："非眼識境等各有決定見性，但以三和合故，假名為見，下五根聞、嗅、嘗、觸等例爾。《雜集論》云：'非眼見色，亦非識等，以一切法無作用故。由有和合，假立為見。'故稱眼能見色。"（《大正藏》48冊2016號，第729頁中9至13）

❻ "又識之於根……以妙用無間故"，見永明延壽《宗鏡錄》卷54，《大

不可以此執有一識能緣六境。設爾六境一時到，如何一箇意識能一時緣得耶？若前後起，即不偏故。護法云："六識體性各別，但依根、境而立其名。"❶蓋謂是也。

9. 變相觀空唯後得

10. 果中猶自不詮真

"變"謂變帶，"相"謂己相。"觀"謂能緣見分，"空"謂所緣真如。"後得"謂後得智，簡非根本智。❷帶有二義：一者挾帶，即能緣心親挾境體而緣；二者變帶，即能緣心變起相分而緣。己相亦有二義：一、體相名相，二、相狀名相。初挾帶體相者，如根本智緣真如，即是挾帶體相而緣，是親所緣緣。二、變帶相狀相者，即有漏心、心所及無漏後得智見分緣境之時，變相而緣，不簡有質、無質，皆是變帶名帶、相狀名相，為疎所緣緣也。❸根本智亦名無分別智，由此無分別智，能生種種分別，故名根本智。後得智亦

正藏》48 冊 2016 號，第 729 頁中 13 至 17。

❶ "然不可以……而立其名"，改寫自永明延壽《宗鏡錄》卷 53："護法云：'六識體性各別，但依根、境而立其名。'若執有一識能緣六境者，若六境一時到，如何一箇意識能一時緣得耶？若前後起，即不遍故。所以隨六根境種類異故，依根得名。"（《大正藏》48 冊 2016 號，第 725 頁上 10 至 14）

❷ "'變'謂變帶……簡非根本智"，或改寫自普泰《八識規矩補註》卷上："'變'謂變帶。'相'謂相分。'觀'目能緣見分。'空'目所緣真如。'唯後得'者，揀非根本智。"（《大正藏》45 冊 1865 號，第 470 頁上 28 至 b1）高原明昱《八識規矩補註證義》卷上："'變'謂變帶，'相'謂己相……'觀'目能緣見分，'空'目所緣真如……'唯後得'者，簡非根本。"（《卍續藏》55 冊 890 號，第 400 頁中 20 至 24）

❸ "帶有二義……為疎所緣緣也"，見永明延壽《宗鏡錄》卷 71，《大正藏》48 冊 2016 號，第 812 頁上 13 至 23。

名差別智，以其於根本後而得此智，故名後得智。^❶ 菩薩加行位中，猶於現前安立少物，謂是唯識真勝義性。【現前立少物，謂是識性。以有所得故，非真住惟識。】以彼空、有二相未除，帶相觀心，有所得故，非實安住真唯識理。^❷ 至通達位中，於所餘境，無分別智都無所得，不取種種戲論相故。爾時乃名實住唯識真勝義性，即證真如，智與真如平等平等。^❸ 頌家之意若曰：菩薩變帶相分而緣，唯是後得智。夫智曰後得，則豈唯因中不能詮真而已，即佛果位中，以此智現身土等，為諸有情說正法故。若不變現似色聲等，寧有現身說法等事？^❹ 猶屬變帶疎所緣緣一邊，不能親契真如也，詮即契也。問：何謂"現前立少物"？曰：心上變如，名為少物。此非無相，故名帶相。相者，即是空所執相。若證真時，此相便滅。^❺

---

❶ "根本智亦名無分別智……故名後得智"，見《大明三藏法數》卷 2："一、根本智。根本智，亦名無分別智……由此無分別智能生種種分別，是名根本智。二、後得智……以其於根本智後而得此智，是名後得智。"（《永樂北藏》181 冊 1615 號，第 449 頁中 7 至第 450 頁上 3）

❷ "菩薩加行位中……真唯識理"，見《成唯識論》卷 9："故說菩薩此四位中，猶於現前安立少物，謂是唯識真勝義性。以彼空、有二相未除，帶相觀心，有所得故，非實安住真唯識理。彼相滅已，方實安住。"（《大正藏》31 冊 1585 號，第 49 頁中 24 至 27）

❸ "至通達位中……平等平等"，見《成唯識論》卷 9："若時菩薩，於所緣境，無分別智都無所得，不取種種戲論相故。爾時乃名實住唯識真勝義性，即證真如智與真如平等平等。"（《大正藏》31 冊 1585 號，第 49 頁下 18 至 21）

❹ "以此智現身土等……說法等事"，見《成唯識論》卷 9："又說此智現身土等，為諸有情說正法故。若不變現似色聲等，寧有現身說法等事？"（《大正藏》31 冊 1585 號，第 50 頁中 23 至 25）

❺ "問：何謂……此相變滅"，見永明延壽《宗鏡錄》卷 87，《大正藏》

舊注^①云：“此句頌破異師計也。以安慧宗中，〖言後得因中緣如。〗前五因中既成無漏，變相緣如，以見、相二分是徧計性，自證分是依他起性；至佛果位，自證分親緣真如，以無相、見徧計性故。所以〖故。〗護法師以此句破也。”❷

11. 圓明初發成無漏

12. 三類分身息苦輪

“圓明”即大圓鏡智。〖第八。〗五識、八識，因中不通無漏，至果乃圓。【六七因中轉，五八果上圓。】為八是總報主，持種受熏。若因中便成無漏，即一切有漏雜染種子皆散失故，即便成佛，何用更二劫修行耶？問：前五既非是總報主，何故不成無漏？曰：前五根是第八親相分，能變第八既是有漏，所變五根亦有漏。五根是所依尚有漏，能依五識亦成有漏也。❸故第八之大圓鏡智一開發時，而第五之成所作智歘然現前矣。成所作智者，謂如來為欲利樂諸眾生故，普於十方世界，示現種種神通變化，引諸眾生令入聖道，成本願力所應作事，是名成所作智❹。《佛地經》說此

---

48 冊 2016 號，第 893 頁上 10 至 12。

① 即普泰《八識規矩補注》。

❷ “此句頌破……此句破也”，見普泰《八識規矩補註》，《大正藏》45 冊 1865 號，第 470 頁中 8 至 13。

❸ “為八是總報主……亦成有漏也”，見永明延壽《宗鏡錄》卷 57，《大正藏》48 冊 2016 號，第 743 頁中 20 至 26。

❹ “成所作智者……是名成所作智”，本文引自《大明三藏法數》卷 9：“謂如來為欲利樂諸眾生故，普於十方世界，示現種種神通變化，引諸眾生令入聖道，成本願力所應作事，是名成所作智。”（《永樂北藏》181 冊 1615 號，第 728 頁上 5 至 7）源於《成唯識論》卷 10：“四、成所作智相應心品，謂此心品為欲利樂諸有情故，普於十方，示現種種變化三業，成本願力所應作

智："起作三業諸變化事，決擇有情心行差別，領受去來現在等義，若不徧緣，無此能故。"❶後得智攝此，所以繼之"三類分身息苦輪"，而謂"果中猶自不詮真"也。《觀佛三昧海經》：佛化身有三類：一、大化身千丈。謂如來為應十地已前等諸菩薩，演說妙法，令其進修，向於佛果，故化現千丈之身也。二、小化身丈六。謂如來為應二乘、凡夫之人，説于四諦等法，令其捨妄歸真而得開悟，故化現丈六之身也。三、隨類不定。謂如來誓願弘深，慈悲普覆，隨諸種類，有感即應，或現大身，滿虛空中；或現小身，丈六、八尺等也。❷

第六識頌（13—24句）

13. 三性三量通三境

此下十二句，頌第六意識。意識緣境分別，最強諸識。所以一切善惡，意為先導。意起速疾，意在言前。意善則法正，意惡即境邪。如一氣，嘘之即溫，吹之即冷；似一水，寒之即結，暖

事。"（《大正藏》31 冊 1585 號，第 56 頁上 25 至 28）

❶ "起作三業諸變化事……無此能故"，見《佛地經論》卷，《大正藏》26 冊 1530 號，第 303 頁上 20 至 23。

❷ "《觀佛三昧海經》……八尺等也"，改寫自《大明三藏法數》卷 5："佛化身三（出《觀佛三昧海經》）……大化身千丈者，謂如來為應十地已前等諸菩薩，演說妙法，令其進脩，向於佛果，故化現千丈之身也……小化身丈六者，謂如來為應二乘、凡夫之人，説于四諦等法，令其捨妄歸真而得開悟，故化現丈六之身也……隨類不定者，謂如來誓願弘深，慈悲普覆，隨諸種類，有感即應，或現大身，滿虛空中；或現小身，丈六、八尺等也。"（《永樂北藏》181 冊 1615 號，第 548 頁中 4 至第 549 頁上 4）

之即融。況一心，縱之即凡，弘之即聖，轉變雖異，真性無虧。❶
所以諸性、量、境俱通，五十一心所全具也。❷ "三性"者，善則
順益義，順於正理，益於自他；不善則違損義，違於正理，損於
自他；無記者，於善惡品不可記別故。此以順違損益之義解三性
也。又，順益二世，名善性；違損二世，名不善性；於愛非愛果
不可記別，名無記性。謂自體及果俱可愛樂，名善性；不善反上；無
愛非愛不可記別，名無記。此又約三世、漏無漏以解三性也。❸ "三
量"者，〖量者，即能緣之心體。〗一、現量。現謂顯現，即分明證境，不
帶名言，無籌度心，親得法體，名為現量。二、比量。比謂比類，以
比類量度而知有故。如遠見煙，知彼有火，隔墻見角，知彼有牛，名
為比量。三、非量。若心緣境時，於境錯謬，虛妄分別，不能正知，境
不稱心。名為非量。❹ "三境"者，〖境，即所緣之境。〗頌云："性境
不隨心，〖"性"是實義，即實根塵四大。"不隨心"者，為此根塵等相分，皆
自有實種生，不隨能緣見分種生故。〗獨影唯從見，帶質通情本，性種等
隨應。""性境不隨心"解見上。"獨影惟從見"者，影為影像，是
相分異名。為此假相分，無種為伴，但獨自有，故名獨影。❺ 此

---

❶ "意識緣境分別……真性無虧"，見永明延壽《宗鏡録》卷 55，《大正
藏》48 冊 2016 號，第 735 頁中 16 至 21。"意識緣境分別"，《大正藏》本《宗
鏡録》卷 55 作 "意根緣境分別"。

❷ "所以諸性……全具也"，見正誨《八識規矩略説》，《卍續藏》55 冊
891 號，第 412 頁上 15。

❸ "'三性'者……以解三性也"，見普泰《八識規矩補註》，《大正藏》
45 冊 1865 號，第 470 頁下 10 至 18。

❹ "'三量'者……名為非量"，見永明延壽《宗鏡録》卷 49，《大正藏》
48 冊 2016 號，第 703 頁上 17 至 24。

❺ "'獨影唯從見'者……故名獨影"，見永明延壽《宗鏡録》卷 68，《大

有二種:〖獨影境有二。〗一、無質獨影。即第六緣空華、兔角及過、未等所變相分是。其相分與第六見分同種生,無空華等質。二、有質獨影。即第六識緣五根種、現是,皆托質而起故。其相分亦與見分同種而生,亦名獨影境。**❶** 雖有本質,以其相分不從質起,獨由見生,如無漏心緣有漏法是也,此非假説。**❷** 故曰"獨影唯從見"。"帶質"者,〖帶質境亦二:真帶質者,以心緣心,中間相分從兩頭連帶生起,名真帶質;似帶質者,以心緣色,中間相分唯從見分一頭變帶生起,名似帶質。〗即心緣心是。如第七緣第八見分境時,其相分無別種生,一半與本質同種生,一半與能緣見分同種生。從本質生者,即無覆性;從能緣見分生者,即有覆性。以兩頭攝不定,故名"通情本"。**❸** 問:三境以何為體? 曰:初性境,用實五塵為體,具八法成故。八法者,即四大:地、水、火、風,四微:色、香、味、觸等,約有為説。若能緣有漏位中,除第七識,餘七皆用自心、心所為體。第二獨影境,將第六識見分所變假相分為體,能緣即自心、心所為體。第三帶質,即變起中間假相分為體。若能緣有漏位中,唯六、七二識心、心所為體。**❹** 第六意識都有二種:一、明了,二、獨頭。明了意識依五根門,與前五識同緣五塵,〖第六意識有五種,緣境不同。〗明了取境故。獨

正藏》48 冊 2016 號,第 797 頁下 19 至 21。

❶ "此有二種……亦名獨影境",見永明延壽《宗鏡錄》卷 68,《大正藏》48 冊 2016 號,第 798 頁上 24 至 29。

❷ 本段小注,見雲峰《唯識開蒙問答》卷上,《卍續藏》55 冊 888 號,第 351 頁中 5 至 6。

❸ "'帶質'者……'通情本'",見永明延壽《宗鏡錄》卷 68,《大正藏》48 冊 2016 號,第 798 頁上 29 至 b4。

❹ "問:三境……心、心所為體",見永明延壽《宗鏡錄》卷 68,《大正藏》48 冊 2016 號,第 798 頁中 29 至下 7。

頭有四種：一、定中獨頭。緣於定境，不與五識同緣故。二、夢中獨頭。緣法塵境、夢中諸相，亦徧計所起故。三、散位獨頭。搆劃境相，緣徧計所起色故。四、亂意識，亦名獨頭。是散意識於五根中狂亂而起，然不與五識同緣，如患熱病，見青為黃，緣徧計所執色故。❶明了意識，通三量、三境。與五同緣實五塵，初率爾心中，是現量，是性境。若以後念緣五塵上方圓長短等假色，即是比量，即有質獨影，亦名似帶質境。或於五塵上起執時，即是非量，即無質獨影。散位獨頭意識，亦通三量、三境。初刹那緣五塵，少分緣實色，亦名性境，通現量故。若緣自身現行心、心所時，是帶質境。若緣自身五根，及緣他人心、心所，是獨影，亦名似帶質境，皆通比量。若緣空華、過、未境時，通比量、非量，唯獨影境。定中獨頭，雖緣假法，以不妄執，無計度故，唯是現量，乃通三境。通緣三世有質、無質法故，是獨影境。又能緣自身現行心、心所故，是帶質境。又，七地已前有漏定位，亦能引起五識，緣五塵故，即是性境。夢中獨頭唯獨影境，亦唯非量，以不稱境故❷，亂意識准此。

14. 三界輪時易可知

以此識造種種業，輪轉三界，行相顯勝，故曰"易可知"也。❸

---

❶ "明了意識依五根門……緣徧計所執色故"，改寫自永明延壽《宗鏡錄》卷 55，《大正藏》48 冊 2016 號，第 734 頁上 16 至 26，本文調整了《宗鏡錄》原文順序。

❷ "明了意識，通三量、三境……以不稱境故"，改寫自永明延壽《宗鏡錄》卷 68，《大正藏》48 冊 2016 號，第 798 頁中 14 至 27，與《宗鏡錄》卷 54，《大正藏》48 冊 2016 號，第 733 頁上 22 至 23。

❸ "以此識……'易可知'也"，見高原明昱《八識規矩補註證義》，《卍

15. 相應心所五十一

"相應"有五義：一、時。謂王、所同時起。二、依。即王、所同一所依根。三、緣。即王、所同一所緣境。四、行。謂王、所三量，行相俱同。五、事。即王、所各有自證分體事。❶"心所"有三義：一、恒依心起。要心為依，方得生故。二、與心相應。觸等恒與心相應故。既云與心相應，心不與心自相應，故心非心所。何以故？他性相應，非自性故。三、繫屬於心。觸等看與何心生時，便屬彼心之觸等故。既云繫屬於心，心王不自繫屬於心，故非心所。心王緣總相，如畫師作模；心所通緣總別相，如弟子於總相模中填眾多彩色。如眼識心王緣青色境時是總相，更不作多般行解。唯五心所中作意，以警心、引心為別相等，上便領納、想像，造作種種行相，是通緣總別相也。❷

續藏》55 冊 890 號，第 402 頁上 11 至 12；亦見虛中廣益《八識規矩纂釋》，《卍續藏》55 冊 894 號，第 430 頁上 7 至 8。

❶ "'相應'有五義……自證分體事"，改寫自永明延壽《宗鏡錄》卷 59："第二、心所有法，與此相應故者，《瑜伽論》五義略辯相應。一、時者，所謂王、所同時起。二、依者，即王、所同一所依根。三、緣者，即王、所同一所緣境。四、行者，所謂王、所三量，行相俱同。五、事者，即王、所各有自證分體事。"（《大正藏》48 冊 2016 號，第 754 頁下 24 至 28）

❷ "'心所'有三義……總別相也"，改寫自永明延壽《宗鏡錄》卷 59："'心所'義有三：一、恒依心起。二、與心相應。三、繫屬於心。心王緣總相，如畫師作模；心所通緣總別相，如弟子於總相模中填眾多彩色。即心所於心王總青，如眼識心王緣青色境時是總相，更不作多般行解。心所緣別相者，如五心所中作意，以警心、引心為別相等，上便領納、想像，造作種種行相，是通緣總別相。"（《大正藏》48 冊 2016 號，第 753 頁下 9 至 15）及雲峰《唯識開蒙問答》卷上："問：依云何義，立'心所'名？答：有三義。一、恒依心起。二、與心相應。三、繫屬於心。具此三義，名為'心所'。問：云何名

"心所五十一"，其徧行、別境、善，並根惑三、隨惑十，解見上文。唯根惑慢、疑、惡見，並小隨十、不定四，共一十七法，此方釋義。❶云何為慢？謂以他劣己，計我為勝。令心高舉為體，能障無慢，生苦為業。蓋有慢於德有德，心不謙下，由此生死輪轉無窮，受諸苦故。有七體九類，文繁不引。❷云何為疑？謂於諸諦理猶豫不決為體，唯分別起，能障不疑、善品為業。蓋猶豫者善不生故。❸云何惡見？謂於諸諦理顛倒推度，染污慧為體，能障善見，招苦為業。蓋惡見者多受苦故。❹此有五種：一、薩迦邪見。此

恒依心起？答：要心為依，方得生故。問與心相應。答：觸等恒與心相應，故名心所。既云與心相應，心不與心自相應，故心非心所。何以故？他性相應非自性故……問繫屬於心。答：觸等看與何心生時，便屬彼之之觸等故。既云繫屬於心，心王不自繫屬於心，故非心所。"（《卍續藏》55 冊 888 號，第358 頁上 2）

❶ "其徧行、別境……此方釋義"，見普泰《八識規矩補註》，《大正藏》45 冊 1865 號，第 471 頁中 11 至 13。

❷ "云何為慢……文繁不引"一段，"云何為慢……生苦為業"，見永明延壽《宗鏡錄》卷 57："三、慢，謂以他劣己，計我為勝，令心高舉為體，能障無慢為業。"（《大正藏》48 冊 2016 號，第 747 頁上 14 至 15）源於《顯揚聖教論》卷 1："慢者，謂以他方己，計我為勝，我等我劣，令心恃舉為體，或是俱生，或分別起，能障無慢為業。"（《大正藏》31 冊 1602 號，第頁上 6 至8）"蓋有慢於德有德……有七體九類"，見《成唯識論》卷 6："若有慢於德有德，心不謙下，由此生死輪轉無窮受諸苦故。此慢差別有七、九種。"（《大正藏》31 冊 1585 號，第 31 頁中 27 至 29）

❸ "云何為疑……善不生故"，見《成唯識論》卷 6，《大正藏》31 冊 1585號，第 31 頁下 2 至 4，及《顯揚聖教論》卷 1，《大正藏》31 冊 1602 號，第頁中 2 至 4。

❹ "云何惡見……多受苦故"，見《成唯識論》卷 6，《大正藏》31 冊 1585號，第 31 頁下 11 至 13。

翻身見。謂於五取蘊，計我、我所染污慧為體，能障無我無顛倒解為業。二、邊執見。謂於五取蘊，執計斷常染污慧為體，能障無常無顛倒解為業。三、邪見。謂謗因果染污慧為體，唯分別起，能障正見為業。四、見取。謂於前三見及見所依蘊，計最勝上及與第一染污慧為體，唯分別起，能障苦及不淨無顛倒解為業。《論》^①又云："一切鬥爭所依為業。"此於諸見及所依蘊，執為最勝，能得涅槃清淨法是見取。由此各各互執為勝諸見等故，一切外道鬥諍因斯而起。五、戒禁取。謂於前諸見及見所依蘊，計為清淨、解脫、出離染污慧為體，唯分別起，能障如前無顛倒解為業。又云："無利勤苦所依為業。"謂依諸見所受戒，説此戒為勝及能得涅槃。由此戒故，一切外道受持拔髪等無利勤苦。❷

小隨十：一、忿。謂於現在違緣，令心憤發為體，能障無瞋為業。又云：依對現前不饒益境，憤發為性，能障不忿，執仗為業。仗謂器仗。懷忿者多發暴惡身表業故。二、恨。謂於過去違緣，結怨不捨為體，能障無瞋為業。一云：由忿為先，懷惡不捨，結冤為性，能障不恨，熱惱為業。蓋結恨者，不能含忍，恒熱惱故。忿、恨俱瞋一分也。三、覆。謂於過犯，若他諫誨，若不諫誨，祕所作惡為體，能障發露，悔過為業。一云：於自作罪，恐失利譽，隱藏為性，能障不覆，悔惱為業。謂覆罪者後必悔惱，不安隱故。貪、癡二分：若不懼當苦覆自罪者，是癡分；若恐失利譽覆自罪者，是貪分也。四、惱。謂於過犯，若他諫誨，便發麤言，心暴不忍為體，能障善友為業。一云：由忿、恨為先，追觸暴惡，狠戾為性，能障不惱，蛆螫

---

① 即玄奘《成唯識論》。

❷ "此有五種……無力勤苦"一段，改寫自永明延壽《宗鏡錄》卷57，《大正藏》48冊2016號，第747頁上16至b4；兩段小注為《宗鏡錄》原文中的"釋曰"，源自窺基《成唯識論述記》卷6，《大正藏》43冊1830號，第449頁上6至21。

為業；謂追徃惡，觸現違緣，心便狠戾，多發囂暴，凶鄙麤言，蛆螫他故。此亦瞋分。五、嫉。謂於他所有功德名譽，心妬不悅為體，能障仁慈為業。一云：殉自名利，不耐他榮，妬忌為性，能障不嫉，憂戚為業。謂嫉者聞見他榮，深懷憂戚，不安隱故。亦是瞋分。六、慳。謂積聚恡着為體，障無貪為業。一云：耽着法財，不能惠捨，祕恡為性，能障不慳，鄙畜為業。謂慳恡者，心多鄙嗇，畜積財法，不能捨故。此屬貪分。七、誑。謂惑亂於他，現不實事，心詭為體，能障愛敬為業。一云：為獲利譽，矯現有德，詭詐為性，能障不誑，邪命為業。謂矯誑者心懷異謀，多現不實，邪命事故。此貪、癡分。八、諂。為欺彼故，詐現恭順，心曲為體，能障愛敬為業。一云：能障不諂、教誨為業。謂諂曲者，為罔冒他，曲順時宜，矯設方便，為取他意或藏己失，不任師友正教誨故。亦貪、癡分。九、憍。謂恃世間興盛等，心恃高舉，無所忌憚為體，能障厭離為業。一云：於自盛事，深生染着，醉傲為性，能障不憍，染依為業。蓋憍醉者，生長一切雜染法故。此貪分也。十、害。謂逼惱有情，無悲無愍，無哀無憐，無惻為體，能障不害為業。一云：於諸有情，心無悲愍，損惱為性，能障不害，逼惱為業。謂有害者逼惱他故。瞋一分攝。❶此十法並失念、放逸、不正知三法，是根本家差別分位，餘七即等流性也。❷

---

❶ "一、忿……瞋一分攝"一段，正文改寫自永明延壽《宗鏡録》卷57，《大正藏》48 冊 2016 號，第 747 頁中 18 至下 2，源於《顯揚聖教論》卷一。小注中，"一云：於自作罪……譽覆自罪者，是貪分也"一段，見雲峰《唯識開蒙問答》卷上，《卍續藏》55 冊 888 號，第 360 頁中 3 至 8；亦見《大乘百法明門論解》卷下，《大正藏》44 冊 1836 號，第 49 頁中 8 至 12；其餘小注，皆引自《成唯識論》卷 6，《大正藏》31 冊 1585 號，第 33 頁中 8 至下 19。

❷ "此十法……等流性也"，見雲峰《唯識開蒙問答》卷上，《卍續藏》55 冊 888 號，第 360 頁上 1 至 5；亦見普泰增修《大乘百法明門論解》卷下，

不定有四:悔、眠、尋、伺,於善染等,皆不定故。非如觸等,定徧心故;非如欲等,定徧地故:故立不定名。一解:顯不定義,此於界、性、識等,皆不定故;二解簡前信等、貪等,此通三性,性不定故。❶ 一、惡作。謂於已作、未作,善、不善事,若染、不染,悵怏追變為體,能障奢摩他為業。一云:惡所作業,追悔為性,障止為業。奢摩他能止住心,故名為止。❷ 又,《識論》③稱:"悔,此即於果假立因名,先惡所作業,後方追悔故。"二、睡眠。謂略攝於心不自在轉為體,能障毗鉢舍那為業。一云:令身不自在、心極暗昧輕略為性,障觀為業。問:此眠者,能令身心不自在等,其無心眠,如何能令?曰:從有心眠,以至無心,從能引說,名之為眠,其實無心,不名睡眠。何以故?眠是心所,有能令用,彼既無體,豈有令用?故不名眠。❹ 三、尋。謂或時由思,於法造作,或時由慧,於法推求,散行外境,令心麤轉為體,障心內淨為業。四、伺。謂從阿賴耶識種子所生,依心所造,與心俱轉,相應於所尋法,略行外境,令心細轉為體,障心內淨為業。尋即淺推,伺即深度。尋於麤發言,伺則細發語。❺ 一云:尋者,尋求,令心忽遽,於

《大正藏》44 冊 1836 號,第 50 頁上 9 至 13。

❶ 本段小注,見永明延壽《宗鏡錄》卷 58,《大正藏》48 冊 2016 號,第 748 頁上 6 至 8。

❷ 本段小注,見雲峰《唯識開蒙問答》卷上,《卍續藏》55 冊 888 號,第 361 頁上 24 至 b2。

③ 即玄奘《成唯識論》。

❹ 本段小注,見雲峰《唯識開蒙問答》卷上,《卍續藏》55 冊 888 號,第 361 頁中 2 至 8。

❺ "不定有四……伺則細發語"一段,正文見永明延壽《宗鏡錄》卷 58,《大正藏》48 冊 2016 號,第 747 頁下 22 至第 748 頁上 5。 其中,"悔、眠、尋、伺……故立不定名",源自《成唯識論》卷 7,《大正藏》31 冊 1585 號,第

意言境麤轉為性。伺者,伺察,令心忽邃,於意言境細轉為性。二法俱以安不安身心分位所依為業。問意言境。曰:意所取境,多依名言,故云意言境。問:尋、伺二為假為實?曰:並用思、慧一分為體:若令心安,即是思分;令心不安,即是慧分。何以故?思者,徐而細故;慧者,急而麤故。若如是者,令安則用思無慧,不安則用慧無思。何云並用?曰:通照大師釋有兼有正,若正用思,急慧隨思,能令心安;若正用慧,徐思隨慧,亦令不安。若如是說,不違並用。❶

16. 善惡臨時別配之

此五十一心所,隨時逐境,遇染而染,遇善而善,邪正犁然,不相混濫,故曰"別配之"。❷

17. 性界受三恒轉易

18. 根隨信等總相連

"性"謂三性,"界"謂三界。心所各有界繫,如瞋唯欲界,餘通三界,及初禪有尋、伺,二禪無尋、伺之類。此六識非如七、八,體皆易脫,恒不定故。易脫是間斷轉變義,不定是欣感捨行互起。故皆容與三受相應,皆領順、違、非二相故。❸領順境相,適悅身心,説名樂受;領違境相,逼迫身心,説名苦受;領中容境相,於身於

---

35 頁下 9 至 11;"一、惡作……令心細轉為體",源自《顯揚聖教論》卷 1。

❶ 本段小注,見雲峰《唯識開蒙問答》卷上,《卍續藏》55 冊 888 號,第 361 頁中 8 至 18。

❷ "此五十一心所……'別配之'",見高原明昱《八識規矩補註證義》:"頌第六識,與五十一心所,隨時逐境,遇善則善心所與之相應,遇不善則不善心所與之相應,邪正犁然,不相混濫,故曰'別配之'。"(《卍續藏》55 冊 890 號,第 403 頁上 15 至 17)

❸ "此六識非如……非二相故",見永明延壽《宗鏡錄》卷 55,《大正藏》48 冊 2016 號,第 734 頁下 13 至 16,源自窺基《成唯識論述記》卷 5,《大正藏》43 冊 1830 號,第 423 頁上 11 至 14。

心，非逼非悅，名不苦不樂受。❶

　　"根"即根本惑，"隨"即隨惑，"信"即善十一信等。"等"者，等餘徧行、別境及不定也。"相應心所五十一"是標數，"性界"二句是立名，欲令眾生因名以闡義，因義以會理，會理以致用，致用以體道，體道以成德。致用在作觀上說❷，蓋八識心王唯取第六為能觀察故。問：前五、七、八俱能緣慮，何以不取？曰：前五識唯現量，緣實五塵境。第八唯現量，緣種子、根身、器世間三境，性唯無記。第七常緣第八見分為境，非量所收。今能觀心因教比知，變起相分，比量善性，獨影境攝故，唯第六有此功能。問：四種意識，幾種能觀？曰：得上定者，定中意識，現量觀故。未得定者，獨散意識，能為觀體。心所唯二十一，謂徧行五、別境五、善十一；或尋、伺中隨取一法，即二十二，尋麤伺細，不俱起故，淺深推度，思、慧為體。若與散位心王相應，即二十法，於前善中除輕安故，輕安一法是定引故；或二十一，於尋、伺中隨取一故。❸

19. 動身發語獨為最

　　此第六識於八識中行相最勝，有三種思：一、審慮思。謂在意地籌量之時，未有所作，名審慮思。二、決定思。謂意既決定，乃

---

❶ "領順境相……名不苦不樂受"，見《成唯識論》卷5，《大正藏》31冊1585號，第27頁上10至12。

❷ "是標數……作觀上說"，見真可《八識規矩頌解》："此句是標數，'性界'二句是立名，欲令眾生因名以闡義，因義以會理，會理以致用，致用在作觀上說，致用以體道，體道以立德。"（《卍續藏》55冊892號，第417頁下20至22）

❸ "蓋八識心王……隨取一故"，改寫自永明延壽《宗鏡錄》卷36，《大正藏》48冊2016號，第623頁下12至第624頁上14。

有所作，名決定思。三、動發思。謂動身之思名為身業，發語之思名為語業，名動發思。夫後一思為身、口業，則前二思為意業也。❶

20. 引滿能招業力牽

以此三業，能招第八，引異熟果，名為引業；能招第六，滿異熟果，名為滿業。❷謂之"牽"者，如與善十一相應，則為善業牽而之人天；與根、隨相應，則為惡業牽而之三塗。或一生行惡，臨終善心猛盛，即為強業牽而之人天；或此世雖行善，先世惡業熟，即為熟業牽而之三塗。如影隨形，如響應聲，故曰"牽"也。❸《俱舍論》云："一業引一生，多業能圓滿。"猶如繢像，先圖形狀，後填衆彩等。然其引業能造之思，要是第六意識所起。若其滿業能造之思，從五識起。然五識無執，不能發潤，故非迷理，無推度故，不能造業。雖造滿業，亦非自能，但由意引，方能作故。❹

---

❶ "有三種思……為意業也"，改寫自《大明三藏法數》卷7："三思（出《華嚴經疏鈔》）一、審慮思。謂在意地籌量之時，未有所作，故名審慮思。二、決定思。謂意既決定，乃有所作，是名決定思。三、動發思。唯《識論》云，動身之思名為身業，發語之思名為語業，是名動發思。"（《永樂北藏》181 冊 1615 號，第 648 頁上 3 至 7）

❷ "能招第八……名為業"，見澄觀《大方廣佛華嚴經隨疏演義鈔》卷31，《大正藏》36 冊 1736 號，第 236 頁中 11 至 13；亦見永明延壽《宗鏡錄》卷 75，《大正藏》48 冊 2016 號，第 832 頁上 12 至 14。

❸ "謂之'牽'者……故曰'牽'也"，見高原明昱《八識規矩補註證義》，《卍續藏》55 冊 890 號，第 403 頁中 22 至下 6。

❹ "《俱舍論》云……方能作故"，見永明延壽《宗鏡錄》卷 75，《大正藏》48 冊 2016 號，第 832 頁上 14 至 20；亦見澄觀《大方廣佛華嚴經隨疏演義鈔》卷31，《大正藏》36 冊 1736 號，第 236 頁中 13 至 17。

21. 發起初心歡喜地

22. 俱生猶自現纏眠

我執、法執略有二種。二我執者：一、俱生我執。謂於五陰^①等法中，强立主宰，妄執為我，與身俱生故。二、分別我執。謂於計我法中，分別我能行善行惡等事，而起執著故。二法執者：一、俱生法執。謂無始時來，虛妄熏習，於一切法妄生執着，恒與身俱故。二、分別法執。謂於邪教及邪師所説之法，分別計度，執為實法故。分別二執，麤故易斷；俱生二執，細故難斷。菩薩入初地時，觀一切法法空真如，即能除滅分別二執；而俱生二執，猶纏眠而不捨，歷離垢、發光、燄慧、難勝、現前至遠行地後^②，數數修習緣法空觀，而後俱生二障，永伏不起，以成無漏也。❸
"纏""眠"乃二種無明之名。由無明纏縛，不能出離生死，曰纏

---

① 五陰，色陰、受陰、想陰、行陰、識陰也，又稱五蘊。

② 離垢、發光、慧焰、難勝、現前、遠行，為佛教中菩薩修行十種境界（華嚴十地）的前七種。後三種為：不動、善慧、法雲。

❸ "我執、法執略有二種……以成無漏也"一段，改寫自永明延壽《宗鏡録》卷 65，《大正藏》48 冊 2016 號，第 783 頁下 15 至第 784 頁上 21，源自《成唯識論》卷 2，《大正藏》31 冊 1585 號，第 6 頁下 26 至第 7 頁上 12。"我執、法執略有二種……執為實法故"一段，直接引自《大明三藏法數》卷 2："二法執（出《宗鏡録》）：一、俱生法執。謂無始時來，虛妄熏習，於一切法妄生執著，恒與身俱故，名俱生法執。二、分別法執。謂於邪教及邪師所説之法，分別計度，執為實法故，名分別法執。二我執（出《宗鏡録》）：一、俱生我執。謂於五陰等法中，强立主宰，妄執為我，與身俱生，是名俱生我執……二、分別我執。謂於計我法中，分別我能行善行惡等事，而起執著，是名分別我執。"（《永樂北藏》181 冊 1615 號，第 471 頁上 8 至 b7）

無明；長時眠伏藏識之中，曰眠無明。❶ "纏"目現行，"眠"目種子。❷

23. 遠行地後純無漏

24. 觀察圓明照大千

緣六地止斷麤相現行，而未能斷細相現行，至七地始斷，故以遠行為言。或云十地中，前五地有相觀多，無相觀少；第六地有相觀少，無相觀多；至七地中，純無相觀也。❸歡喜地中尚是似妙觀察智，至此方是真妙觀察智，而圓明普照大千矣。謂如來善能觀察諸法，圓融次第，復知衆生根性樂欲，以無礙辨才，說諸妙法，令其開悟，獲大安樂，故名妙觀察智也。❹

第七識頌（25—36句）

25. 帶質有覆通情本

此下十二句，頌第七識。第七識，於三境中唯帶質，於三性

---

❶ "由無明纏縛……曰眠無明"，見《大明三藏法數》卷 13，《永樂北藏》181 冊 1615 號，第 850 頁上 4 至 7。

❷ "'纏'目現行，'眠'目種子"，見普泰《八識規矩補註》，《大正藏》45 冊 1865 號，第 472 頁中 26；亦見《八識規矩通說》，《卍續藏》55 冊 893 號，第 423 頁上 3。

❸ "或云十地中……純無相觀也"，見普泰《八識規矩補註》，《大正藏》45 冊 1865 號，第 472 頁下 3 至 6，源自《成唯識論》卷 9，《大正藏》31 冊 1585 號，第 53 頁中 16 至 18。

❹ "謂如來善能……妙觀察智也"，《大明三藏法數》卷 9，《永樂北藏》181 冊 1615 號，第 728 頁上 1 至 4；亦見虛中廣益《八識規矩纂釋》，《卍續藏》55 冊 894 號，第 430 頁下 24 至第 431 頁上 2。

中唯有覆無記。古釋帶質者：以心緣心，中間相分，從兩頭生，連帶生起。❶上“心”字目第七能緣見分，即“情”也；下“心”字目第八所緣見分，即“本”也。【第七見分是能緣，心恒起執故，故名為情；第八見分是所緣，為本質故，故名為本。本，八識也。】為相分一半與本質同一種生，此本質即第八所緣見分。一半與見分同一種生，❷此見分即第七能緣見分。故曰“通情本”。問：中間相分，為定是假，為亦通實？答：第七中間相分是假，無實種生，但從兩頭起，此相分仍通二性。【“以心緣心真帶質，中間相分兩頭生；以心緣色似帶質，中間相分一頭生。”“真”者，七緣第八，其能、所皆心，以其二故，故有連帶之名。此相無體，全從能、所二心連帶生起。“似”者，六緣過去境，是以心緣色，其相但從能緣之心一頭生起，故云云。】若一半從本質上起者，是無覆性，即屬本質；若一半從自能緣第七見分上起者，同見分是有覆性，但兩頭心法爍起成一相分。今言境假者，但約隨妄心我相分以說。問：若言第七當情相分但是假，從兩頭起，通二性者，應可第七所緣我相分中，一半有覆，一半無覆；一半是我，一半非我？答：其第八見分上所起無覆性相分，與能緣第七妄心徧計相分，密合一處。若是第七，但自執妄起徧計有覆性假相分為自內我，雖密合一處，亦不犯所執我中通二性過。如水中鹽味，但執是水，不執於鹽，水與鹽元不相離。❸此意相應四煩惱【即四惑，癡、

---

❶ “古釋帶質者……連帶生起”，見雲峰《唯識開蒙問答》卷上，《卍續藏》55 冊 888 號，第 351 頁上 18 至 19。

❷ “為相分一半……見分同一種生”，改寫自永明延壽《宗鏡錄》卷 68，《大正藏》48 冊 2016 號，第 798 頁上 29 至 b5。

❸ “問：中間相分……元不相離”，見永明延壽《宗鏡錄》卷 52，《大正藏》48 冊 2016 號，第 723 頁中 29 至下 14。

慢、見、愛是也。』等是染法故，障礙聖道，隱蔽真心，故名有覆。非善不善，故名無記。若已轉依，唯是善性。**❶**

26. 隨緣執我量為非〖此句揀量也。〗

此第七識，隨所緣第八見分，執之為我。**❷** 其第八見分本非是我，今第七妄執為我，即不稱本質。又親緣第八見分不著，變相分緣。相分本非是我，第七又執為我，又不稱相分。即兩重不稱境，故知非量。**❸**

27. 八大徧行別境慧〖此言第七之心所法也。〗

28. 貪癡我見慢相隨

七識緣境之時，與大隨八、徧行五、別境五中之慧、根本惑之貪、癡、見、慢，總十八所也。**❹**〖何非餘俱，互相違故。〗《論》**⑤**云：“謂從無始，至未轉依，此意任運，恒緣藏識，與四根本煩惱〖即癡、見、慢、愛。〗相應。我癡者，謂無明。愚於我相，迷無我理，故名我癡。我見者，謂我執。於非我法，妄計為我，故名我見。我慢者，謂倨傲。恃所執我，令心高舉，故名我慢。我愛者，謂我貪。於所執我，深生耽著，故名我愛。乃至此四常起，擾濁內心，令

---

❶ “此意相應……唯是善性”，見永明延壽《宗鏡錄》卷52，《大正藏》31 冊 1585 號，第 23 頁下 7 至 11。

❷ “此第七識……執之為我”，見普泰《八識規矩補註》卷下，《大正藏》45 冊 1865 號，第 472 頁下 29 至第 473 頁上 1。

❸ “其第八見分本非是我……故知非量”，見永明延壽《宗鏡錄》卷52，《大正藏》48 冊 2016 號，第 723 頁中 23 至 27。

❹ “七識緣境……總十八所也”，見普泰《八識規矩補註》卷下，《大正藏》45 冊 1865 號，第 473 頁上 6 至 8。

⑤ 即玄奘《成唯識論》。

外轉識，恒成雜染。有情由此生死輪迴，不能出離，故名煩惱。"❶

釋云：此第七意，除四惑外，不與餘心所相應者，一、恒故，二、內執故，三、一類恒起故。所以不作意而向外馳求，唯任運而一向內執。❷然徧行五徧諸心故，當與相應。又，若不與大隨相應者，若無昏沉，應不定有無堪任性。掉舉若無，應無囂動，便如善等非染污位。若染心中無散亂者，應非流蕩，非染污心。若無失念、不正知者，如何能起煩惱現前？故染污意決定皆與八隨相應而生。❸別境之慧，即我見是，餘俱互相違故。為欲者希望未遂合事，此識任運緣遂合境，無所希望，故無有欲。勝解則印持曾未定境，此識無始恒緣定事，經所印持，故無勝解。念唯記憶曾所習事，此識恒緣現所受境，無所記憶，故無有念。定唯繫心專注一境，此識任運剎那別緣，既不專一，故無有定。❹根、隨雖總二十六法，為與我見俱故，由見審決，疑無容起；愛着我故，瞋不得生。忿等十隨，行相麁動，此識審細，故非彼俱；中隨二者，唯是不善，此無記故，非彼相應。❺不定四者，惡作追悔先所作業，此識任運恒緣現境，非先業故，故無惡作；睡眠必依身心重昧、外眾

---

❶ "《論》云……故名煩惱"，見《成唯識論》卷4，《大正藏》31冊1585號，第22頁上25至b6。

❷ "釋云……一向內執"，見永明延壽《宗鏡錄》卷52，《大正藏》43冊1830號，第398頁下25至27。

❸ "若無昏沉……相應而生"，見《成唯識論》卷4，《大正藏》31冊1585號，第23頁中2至6。

❹ "為欲者希望……故無有定"，見《成唯識論》卷4，《大正藏》31冊1585號，第22頁中22至29。

❺ "根、隨雖總……非彼相應"，見普泰《八識規矩補註》卷下，《大正藏》45冊1865號，第473頁上16至20。

緣力，有時暫起，此識無始一類內執，不假外緣，故彼非有；尋、伺俱依外門而轉，一類執我，〖此識唯依內門而轉。〗故非彼俱。❶

29. 恒審思量我相隨
30. 有情日夜鎮昏迷

小乘以第六為意，論主破云：且如第六意識現在前時，念等無間意已滅無體，如何有思量用名意耶？須信有第七識，具恒審思量，方得名意。❷問：第八亦無間斷，第六決定有思量，何不名意？答：有四句：八識恒而非審，謂不執我，無間斷故；六識審而非恒，謂執我，間斷故；五識非恒非審，不執我，有間斷故；七識亦恒亦審，執我，無間斷故。不恒則與八識血脉斷矣，不審則與六識血脉斷矣，以七識無本位故也。❸問：第七思量何法？答：執第八見分，思量有我、法故。二乘無學無我執，以思量法我執，故

---

❶ "四不定者……故非彼俱"，見普泰《八識規矩補註》卷下，《大正藏》45 冊 1865 號，第 473 頁上 25 至 b1，源自《成唯識論》卷 4，《大正藏》31 冊 1585 號，第 22 頁下 3 至 9。

❷ "小乘以……方得名意"，見永明延壽《宗鏡録》卷 52，《大正藏》48 冊 2016 號，第 722 頁下 26 至第 723 頁上 3。

❸ "問：第八亦無間斷……無本位故也"，改寫自永明延壽《宗鏡録》卷 52："問：第八亦無間斷，第六決定有思量，何不名意？答：有四句。一、恒而非審。第八恒無間斷，不審思量我法故。二、審而非恒。即第六，雖審思量而非恒故，不名意也。前五俱非，非恒非審。第七俱攝而恒審故，獨名意也。"（《大正藏》48 冊 2016 號，第 723 頁上 9 至 14）及虛中廣益《八識規矩纂釋》："恒之與審，於八識中有四句分別：八識恒而非審，謂不執我，無間斷故；六識審而非恒，謂執我，有間斷故；五識非恒非審，不執我，有間斷故；七識亦恒亦審，執我，無間斷故。不恒則與八識血脈斷矣，不審則與六識血脈斷矣，以七識無本位。"（《卍續藏》55 冊 894 號，第 431 頁下 23 至第 432 頁上 4）

名意。佛果我、法二執俱無，恒審思量無我理，佛果第七亦名意。問：為第七自體有思量，為第七相應徧行中思，名思量意不？答：取心所思量者，即八識皆有思，何獨第七？問：若唯取自體有思量者，即何用心所中思耶？答：具二義：一、有相應思量；二、亦自體思量。今取自體有思量名意。問：心所與心王，一種是常審思量，執第八為我，如何不說心所為意？答：言意者，依止義。心所雖恒審思量，非主是劣，法非所依止，故不名意也。二者自體識有思量，與餘七識為所依止。唯取心王，即名意也。問：若言自體有思量名意者，即第七有四分，何分名思量意？答：有二解：第一，見分名思量，內二分不名思量，但名意。見分不名意，有思量，以是用故，思量我無我。內二分不能思量我無我，但名意，以是體故。第二，見分是思量相，相者，體相、相狀；內二分是思量性。即內外皆名意，三分皆思量，但除相分，相分是所量境也。❶古人以此為不共無明，名曰長夜。亦有四句：一是長非夜，如七俱貪等三，及妙、平二智相應心品等；二是夜非長，如前六識相應無明；三、長夜，七俱無明是；四、非長非夜，前六識，除無明，取餘貪等，及因中善等，並果中觀察、成事二智相應心品等。❷此云"有情日夜鎮昏迷"，即長夜之義。

31. 四惑八大相應起

32. 六轉呼為染淨依

---

❶ "問：第七思量何法……所量境也"，見永明延壽《宗鏡錄》卷52，《大正藏》48冊2016號，第723頁上14至b5。

❷ "一是長非夜……相應心品等"，改寫自永明延壽《宗鏡錄》卷52，《大正藏》48冊2016號，第722頁中14至19。

"四惑八大"，重説上句。"轉"者，不定義，即三性、三量、三境。易脱不定，名為轉識。前七識皆名轉識，唯第八名不轉識。❶第六轉識呼第七為染淨依者，為此識有漏，内常執我故，令第六念念成染；由此識無漏，恒思無我故，令第六念念成淨。七識為所依，六識為能依。依即根也❷，七識為六識之根。六識有分別，七識無分別。有分別依無分別起，以無分別近無情故。❸

33. 極喜初心平等性

凡一地具初、中、後三心，即入、住、出也。初地初心，以第六入生空觀故，碍此第七我執不生，法執猶恒，故《論》④云："單執末那居種位，平等性智不現前。"由第六入生、法二空觀故，礙此第七我、法二執不起，故《論》云："雙執末那歸種位，平等性智方現前。"❺"種位"即第八，以末那種子藏在第八中故；"居"者，居住；"歸"者，歸藏。❻蓋第七識無力斷惑與執，全仗第六識也，故頌云："分別二障極喜無，六七俱生地地除。第七

---

❶ "'轉'者，不定義……名不轉識"，見永明延壽《宗鏡録》卷50,《大正藏》48 冊 2016 號，第 712 頁上 26 至 29。

❷ "第六轉識呼……依即根也"，見虛中廣益《八識規矩纂釋》,《卍續藏》55 冊 894 號，第 432 頁上 12 至 18。

❸ "六識有分別……近無情故"，見真可《八識規矩頌解》,《卍續藏》55 冊 892 號，第 418 頁下 5 至 7。

④ 此處及後一處《論》，均指玄奘《成唯識論》。

❺ "以第六入……方現前"，見普泰《八識規矩補註》卷下，《大正藏》45 冊 1865 號，第 473 頁中 24 至 28。

❻ "'居'者，居住；'歸'者，歸藏"，見高原明昱《八識規矩補註證義》,《卍續藏》55 冊 890 號，第 405 頁中 9 至 10；亦見虛中廣益《八識規矩纂釋》,《卍續藏》55 冊 894 號，第 432 頁中 10 至 11。

修道除種現，金剛道後總皆無。"故第七成於無漏，皆由第六以斷惑證理勝故。❶

34. 無功用行我恒摧

任放天性，不由勤策，自然而行，亡功合道，名"無功用"，八地方證❷，然修行卻在七地，故《華嚴·十地品》第七地云："應以無功用、無分別心，成就圓滿。"❸蓋有分別我、法二執，功能可以斷得。然有功能者，如何斷得無分別理？所以說無功用行則我執摧落耳。

35. 如來現起他受用

36. 十地菩薩所被機

無漏七識，以無我故，便能現他受用身。他者，對自而言。諸佛法身有三相別：一、自性身，二、受用身，三、變化身。受用身有二種：一、自受用。謂諸如來修集無量福慧資糧，所起無邊真實功德，及極圓淨常徧色身，相續湛然，盡未來際，恒自受用廣大法樂。二、他受用。謂諸如來由平等智，示現微妙淨功德身，居純淨土，為住十地諸菩薩眾現大神通，轉正法輪，決眾疑網，令彼受用大乘法樂。❹他受用身，即能被之佛；十地菩薩，乃所被之

---

❶ "蓋第七識……證理勝故"，見普泰《八識規矩補註》卷下，《大正藏》45 冊 1865 號，第 473 頁中 28 至下 3。

❷ "任方天性……八地方證"，見澄觀《大方廣佛華嚴經疏》卷 41，《大正藏》35 冊 1735 號，第 815 頁下 28 至第 816 頁上 1。

❸ "應以無功用……成就圓滿"，見《大方廣佛華嚴經》卷 37："我悉應以無功用、無分別心，成就圓滿。"（《大正藏》10 冊 279 號，第 196 頁中 20 至 21）

❹ "一、自受用……大乘法樂"，見永明延壽《宗鏡錄》卷 89，《大正藏》

機也。

第八識頌（37—48句）

37. 性惟無覆五徧行

此下十二句，頌第八識。《論》^①云："此第八識唯是無覆無記，異熟性故。異熟若是善染性者，流轉還滅【流轉屬染，還滅屬淨。】應不得成。又此識是善染依故，若善染者，互相違故，應不與二俱作所依。又此識是所熏性故，若善染者，如極香臭，應不受熏，無熏習故，染淨因果俱不成立。此唯是無覆無記。覆謂染法，障聖道故，又能蔽心，令不淨故。此識非染，故名無覆。記謂善惡，有愛非愛果及殊勝自體可記別故。此非善惡，故名無記。'觸等亦如是'，謂如阿賴耶識，唯是無覆無記性攝，觸、作意、受、想、思【五徧行。】亦爾，諸相應法必同性故。"又云："阿賴耶識，無始時來，乃至未轉，於一切位，恒與此五心所相應，以是徧行心所攝故。"又云："此觸等五與異熟識行相雖異，而時、依同，所緣、事等，故名相應。此識行相極不明了，不能分別逆、順境相，微細一類，唯與捨受相應。又此相應受唯是異熟，隨先引業轉，不待現緣，任善惡業勢力轉故，唯是捨受。苦、樂二受，是異熟生，非真異熟，待現緣故，非此相應。又由此識常無轉變，有情恒執為自內我。若與苦、樂二受相應，便有轉變，寧執為我？故此但與捨受相應。"❷

---

48 冊 2016 號，第 900 頁中 11 至 16，源自《成唯識論》卷 10，《大正藏》31 冊 1585 號，第 57 頁下 25 至第 58 頁上 2。

① 即玄奘《成唯識論》。

❷ "《論》云……捨受相應"一段中三段引文，均見於《成唯識論》卷 3。

問：本識何不與別境等五心所相應？曰：互相違故。為欲希望所樂事轉，此識任業無所希望；勝解印持決定事轉，此識懵昧無所印持；念唯明記曾習事轉，此識昧劣不能明記；定能令心專注一境，此識任運剎那別緣；慧惟簡擇得等事轉，此識微昧不能簡擇。故此不與別境相應。此識唯是異熟性故，善染污等亦不相應。惡作等四無記性者，有間斷故，定非異熟。❶

38. 界地隨他業力生

古釋："總報唯屬第八識者，以第八最初生起，其前七色心等，皆依他第八方生，即第八能通與前七色心等為所依，得名總報。"❷故此識為三界、九地、五趣、四生之體，隨善惡業力而生。何以故？具四義故：一、實，二、常，三、徧，四、無雜，是名真異熟識。問：第八真異熟識如何名引果？答：善惡為能引，第八為所引，是能引家之果，故名引果，故是總報主。前六識名為滿果，有一分善惡別報來滿故。此滿業所招，名異熟生，非真異熟也，不具四義。唯第八是引果真異熟識，具四義故。❸八識之中，唯第八識全業招，前六一分業招，第七全非業招，前六亦一分非業招。善

第一段引文，或轉引自永明延壽《宗鏡錄》卷 49，《大正藏》48 冊 2016 號，第 706 頁中 27 至下 9，源自《成唯識論》卷 3，《大正藏》31 冊 1585 號，第 12 頁上 20 至 b3。第二、三段引文，分別見《成唯識論》卷 3，《大正藏》31 冊 1585 號，第 11 頁中 17 至 19 與第 11 頁下 28 至第 12 頁上 8。

❶ "問：本識何不……定非異熟"，見永明延壽《宗鏡錄》卷 47，《大正藏》31 冊 1585 號，第 12 頁上 10 至 19。

❷ "古釋……得名總報"，見永明延壽《宗鏡錄》卷 75，《大正藏》48 冊 2016 號，第 831 頁中 22 至 25。

❸ "具四義故……具四義故"，見永明延壽《宗鏡錄》卷 50，《大正藏》48 冊 2016 號，第 711 頁下 17 至 23。

不善性也，謂無記之法如彼乾土，不能相握自成一聚，故須直用善惡業力，如用水膠等和彼乾土，無記之法令成器聚。若善惡法，如木石等自成器聚，不假他力，故非業招。❶

39. 二乘不了因迷執

40. 由此能興論主諍

此第八識極微細，故二乘不知，唯以前六為心。故《瑜伽論》以八種義證本識有：一、依止執受相，二、最初生起相，三、有明了性相，四、有種子性相，五、業用差別相，六、身受差別相，七、處無心定相，八、命終時分相。❷又，真正理有十：【十證頌曰："持種異熟心，趨生有受識，生死緣依食，滅定心染淨。"此頌具含十義，故云云。】一、持種心。謂契經說："雜染、清淨諸法種子之所集起，故名為心。"若無此識，彼持種心不應有故。謂諸轉識在滅定等有間斷故，根、境、作意、善等類別易起故，如電光等不堅住故，非可熏習，不能持種，非染淨種所集起故。二、異熟心。如契經說："有異熟心，善惡業感。"若無此識，彼異熟心不應有故。謂前世中，以善、不善業為因，招感得今生第八異熟心是果。《論》云："定許有真異熟識，酬牽引業，徧而無斷，變為身、器，作有情依。身、器離心，理非有故。"三者，界、趣、生體。如契經說："有情流轉五趣、四生。"若無此識，彼趣、生體不應有故。須信有第八識，為三界、九地、五趣、四生之體。若無此識，即一切有情不應得有。四、

---

❶ "八識之中……故非業招"，見普泰《八識規矩補註》卷下，《大正藏》45 冊 1865 號，第 473 頁下 22 至 28。

❷ "故《瑜伽論》……命終時分相"，見永明延壽《宗鏡錄》卷 47，《大正藏》48 冊 2016 號，第 692 頁上 23 至 26。

有執受。謂契經説："有色根身，是有執受。"若無此識，彼能執受不應有故。其有色界中有情，有五色根，及内五塵，是第八親相分，唯第八識能執受，若是餘識，即無此能。五、壽、煖、識三，證有第八識。契經説："壽、煖、識三，更互依持，得相續住。"若無此識，能持壽、煖，令久住識，不應有故。六、生死時有心，證有第八識。如契經説："諸有情類受生命終，心住散位，作無心定。"若無此識，生死時心不應有故。又將死時，由善惡業，上下身分，冷觸漸起。若無此識，彼事不成。七、引緣起依，證有第八識。如契經説："識緣名色，名色緣識。如是二法，展轉相依，譬如束蘆，俱時而轉。"若無此識，彼識自體不應有故。小乘云：我將六識為名色依，何要第八？論主破云：眼等六識，已攝在名中。為識蘊故，須得第八，為名外識支，與名色為依。此識若無，説誰為識？八、引識食，證有第八識。如契經説："一切有情，皆依食住。"若無此識，彼識食體不應有故。九、引滅定有心，證有第八識。如契經説："住滅定者，〖指聖人。〗身、語、心、行，無不皆滅，而壽不滅，亦不離煖，根無變壞，識不離身。"若無此識，住滅定者識不離身不應有故。十、引染淨心，證有第八。如契經説："心雜染故，有情雜染；心清淨故，有情清淨。"若無此識，彼染淨心不應有故。謂染淨法，以心為本，因心而生，依心而住，受彼薰、持彼種故。❶乃至證有此識，理趣無邊，不但十義而已，詳《唯識論》第三第四卷、《宗鏡録》四十七卷，文繁不引。❷

---

❶ "又，真正理有十……持彼種故"，見永明延壽《宗鏡録》卷47，《大正藏》48 冊 2016 號，第 692 頁下 12 至第 693 頁中 11。

❷ "乃至證有此識……文繁不引"，見高原明昱《八識規矩補註證義》，《卍續藏》55 冊 890 號，第 407 頁下 5 至 7。

41. 浩浩三藏不可窮

42. 淵深七浪境為風

"三藏"者，一、能藏。為能含藏雜染種故，猶如庫藏能含藏寶貝。二、所藏。此識是雜染法所依處故，猶如寶貝依庫藏處。三、執藏。此識為染末那堅執為我故，猶如執寶貝等為我物，堅守不捨故。❶《楞伽經》云："如海遇順風，起種種波浪，現前作用轉，無有間斷時。藏識海亦然，境界風所擊，恒起諸識浪，現前作用轉。"❷此項③即引此意，以水喻藏識，故言"浩浩不可窮"。一遇境風鼓擊，則與前七轉識於一身中一時俱轉，如一瀑流有多波浪，互不相違。❹

43. 受熏持種根身器

能藏即"持種"，所藏即"受熏"。熏如燒香熏衣，香體滅而香氣猶在衣中，名為熏衣。此香不可言有，香體滅故；不可言無，香

---

❶ "一、能藏……堅守不捨故"，見永明延壽《宗鏡錄》卷47，《大正藏》48 冊 2016 號，第 692 頁上 9 至 15。

❷ "《楞伽經》云……現前作用轉"，此頌不見於《楞伽經》各漢譯本，應轉引自《成唯識論》卷 3："《入楞伽經》亦作是説：'如海遇風緣，起種種波浪，現前作用轉，無有間斷時。藏識海亦然，境等風所，恒起諸識浪，現前作用轉。'"（《大正藏》31 冊 1585 號，第 14 頁下 14 至 18）本文首句引作"如海遇順風"，轉引自《八識規矩補註》卷下，《大正藏》45 冊 1865 號，第 474 頁中 14 至 17。

③ "項"，底本作"項"，或應作"頌"。

❹ "則與前七轉識……互不相違"，或改寫自《瑜伽師地論》卷 51："如是阿賴耶識與諸轉識，於一身中一時俱轉，當知更互亦不相違。又如於一瀑流有多波浪一時而轉，互不相違。"（《大正藏》30 冊 1579 號，第 581 頁上 4 至 6）

氣在故。如六識起善惡，留熏力於本識中，能得未來報，名為種子。^❶故前七識皆能熏，八獨所熏。惟除無記，闕有勝用，不能熏種，其餘善、惡及有覆性，盡皆能熏。云何第八獨為所熏？具四義故：一、堅住性，二、無記性，三、可熏性，四、與能熏和合。一、堅住性者，從始至終，一類相續，能持習氣，乃是所熏。此遮轉識及聲風等，性不堅住，故非所熏。^❷問：若言有堅住性，即是所熏者，即如佛果第八，亦是堅住性，應名所熏。答：將第二義簡。二、無記性。若法平等，無所違逆，能容習氣，乃是所熏。此遮善染，勢力強盛，無所容納，故非所熏。問：若言有堅住性及無記性二義，便名所熏者，且如第五心所同心王，具此二義，應是所熏。又如無為，亦有堅住性義，為所熏何失？答：將第三義簡。三、可熏性。若法自在，性非堅密，能受習氣，乃是所熏。此遮心所及無為法，無為堅密，故非所熏。問：若言有堅住性、無記性及可熏性三義，即是所熏者，應可此人第八識受他人前七識熏，以此人第八是可熏性故。答：第四義簡。四、與能熏等和合性。若與能熏同時同處，不即不離，乃是所熏。此遮他身剎那前後無和合義，故非所熏。唯異熟識具此四義，可是所熏，非心所等。又，能熏亦具四義：一、有生滅，二、有勝用，三、有增減，四、與所熏和合。此四義亦有所簡。且外人問：無為法得名能熏不？答：將第一義簡。一、有生滅。若法非常，能有作用，生長習氣，乃是能熏。此遮無為，前後不變，無生長用，故非能熏。問：若爾者，且如業

❶ "熏如燒香……名為種子"，見《顯識論》，《大正藏》31 冊 1618 號，第 880 頁下 11 至 15。

❷ "故前七識皆能熏……故非所熏"，見雲峰《唯識開蒙問答》卷上，《卍續藏》55 冊 888 號，第 353 頁上 20 至 b3。

感異熟生心、心所，及色法、不相應行等，皆有生滅，亦有作用，應是能熏。答：將第二義簡。二、有勝用。若有生滅，勢力增盛，能引習氣，乃是能熏。此遮異熟心、心所等，勢力羸劣，故非能熏。問：若有生滅及有勝用，即名能熏者，且如佛果前七識，亦具此二義，應是能熏。答：將第三義簡。三、有增減。若有勝用，可增可減，攝植習氣，乃是能熏。此遮佛果圓滿善法，無增無減，故非能熏。問：若言具有生滅、有勝用、有增減三義，即名能熏者，且如他人前七識，亦有上三義，應與此人第八熏得種子。答：將第四義簡。四、與所熏和合而轉。若與所熏同時同處，不即不離，乃是能熏。此遮它身剎那前後無和合義，故非能熏。唯七轉識及彼心所，有勝勢用而增減者，具此四義，可是能熏。如是能熏與所熏識，俱生俱滅，熏習義成，令所熏中種子生長，如熏巨勝，故名熏習。問：七能熏中熏第八，四分之中，約熏何分？答：前五轉識，能熏第八相分種子；第六意識，能熏第八相、見分種子；第七末那，唯熏第八見分種子。問：前七識四分，何分能熏？答：見、相二分能熏種，以此二分有作用故。問：相分是色，何能熏種？答：但是見分與力，令相分熏種，如梟附塊而成卵㲉，又見分是自證分與力。❶

種子義略有六種：一、剎那滅，二、果俱有，三、恒隨轉，四、性決定，五、待衆緣，六、引自果。剎那滅者，顯是有為，有轉變

---

❶ "問：若言有堅住性……自證分與力" 一段，前三組問答依次見永明延壽《宗鏡錄》卷48，《大正藏》48 冊 2016 號，第 699 頁中 12 至 16，第 699 頁下 1 至 6 及第 699 頁下 17 至 23；"又，能熏亦具四義……自證分與力"，見永明延壽《宗鏡錄》卷48，《大正藏》48 冊 2016 號，第 699 頁下 26 至第 700 頁中 27。

義，於轉變位，能取與果，方成種子。此簡無為法，及長時四相，並外道常我。問：若剎那滅為種子者，應前念種望後念現；或因一念，自他相望，皆與為種。答：第二義簡，要果俱有。謂與自現果俱時現有，方成種子，即與果俱，即簡前後及相離法。問：種因生現，要與現果俱時而有，方得名種；現因熏種亦與種果俱時而有，應亦名種。答：第三義簡，要恒隨轉。謂要長時相續，其性一類，方名種子。遮彼轉識現熏種時，雖一念與種果俱有，非恒隨轉。問：能熏現與所熏種，何非恒隨？答：間斷之識，三性互起，非長相續，一類而轉，故能熏現，不得名種。問：若爾，第七不間，應得名種。答：漏無漏間，不得名種。問：若云一類，如何說有壽盡相？答：約生果有限，名有壽盡相，種體非斷。問：若恒隨轉，得名種子，應善等種生染等現。答：第四義簡，要性決定，遮彼異性為自類因。謂隨能熏善、惡、無記，決定無雜，生各性果故。問：若自性因生自性果，應此性因一時頓生此性多果。答：第五義簡，遮彼頓生多此性果，要須等待眾緣和合，方起現行，始成種子。眾緣，即因緣、增上、等無間、所緣緣四緣也。心種待四緣，色種待二緣，謂因緣、增上。問：若同性待緣生一性果，應善色種生善心果等。答：第六義簡，要引自果。謂要別色及別心等，各自引生自色心果，方成種子。此遮外道計色心互生故。❶種子、根身、器，即第八所緣之境，又持種故，所以受熏也。❷欲明"持種根身器"，應明執、受二義。執二義者：一、攝義，二、持義。受

----

❶ "種子義略有六種……色心互生故"，見雲峰《唯識開蒙問答》卷上，《卍續藏》55 冊 888 號，第 353 頁下 19 至第 354 頁中 2。

❷ "種子、根身、器……所以受熏也"，見普泰《八識規矩補註》卷下，《大正藏》45 冊 1865 號，第 475 頁下 21 至 22。

二義者：一、領義，二、覺義。根身具執受四義：一、攝為自體。同是無記性故。二、持令不散。第八能任持此身，令不爛壞。三、領已為境。此根身是第八親相分。四、令生覺受。安危共同，若第八危，五根危；第八安，五根安。若器世間量但緣非執受，即受二義中領已為境。又言非執受者而無攝為自體、持令不散、令生覺受三義，不似他根身，名非執受，即無受四義中領已為境一義。問：何以器界不似根身第八親執受？答：以與第八遠故，所以不攝為自體。又器界損時，第八亦不隨彼安危共同，所以不執受，若髮、毛、爪、齒、膀胱宿水等，雖近已，同外器攝，所以第八亦不執受。由此第八或持或緣，應具四句：一、持而不緣，即無漏種；二、緣而不持，即器界現行；三、俱句，即內身根塵；四、俱非，即前七現行。問：第八何不緣前七現行？答：有多過故不緣。若變影緣，即第八犯緣假過。若親緣，即犯唯識義不成過，親取它心故。❶

44. 去後來先作主公

生死相續，由二取有支、我執、名言三種習氣，成異熟果。其生死業，先來後去，唯第八識是諸異熟之根本。若無此識，生死不成，由前七轉識有間斷，非主故。此識亦名執持識，能執持種子、根身，初一念，有執趣結生相續義。❷結者，繫也。於母胎中一念繫之。方父母愛染之極，自識攬其流液，如磁石吸鐵，一刹

---

❶ “應名執、受二義……親取它心故”，見永明延壽《宗鏡録》卷49，《大正藏》48冊2016號，第702頁中12至下5。“不似他根身，名非執受”之“似”，底本誤作“以”，據《宗鏡録》卷49改。

❷ “生死相續……相續義”，見永明延壽《宗鏡録》卷73，《大正藏》48冊2016號，第826頁上17至22。

那而住，根塵等種從自識中亦生現行，名為執趣結生。^❶此執趣結生，不通果位，八地已上，不通執趣結生也。今但取執持種子、根身義故，名執持義，此通一切位。此是生位，最初攬胎成體，乃至死時，前諸識悉皆昏昧遷謝，唯異熟識最後執受身分。捨執受處，冷觸便生，壽、煖、識三不相離故。冷觸起時，即是非情，雖變亦緣，而不執受故。由此為凡為聖，常作所依，捨生趣生，恒為其主。^❷問：八識本無去來，豈有先後，此何云爾？答：言八識作去後來先之主公耳，非言八識有去來也。

　　45. 不動地前纔捨藏

　　46. 金剛道後異熟空

　　47. 大圓無垢同時發

　　48. 普照十方塵剎中

　　古德云：阿賴耶識，名為藏識。良以真心不守自性，隨熏和合，似一似常。故諸愚者，以似為真，取為內我。我見所攝，故名為藏。又能藏自體於諸法中，又能藏諸法於自體內。二種我見永不起位，即失賴耶名。又云：八地已上，無阿賴耶名，唯有異熟識。第七但執異熟識為法。又第八識本無阿賴耶名，由第七執第八見分為我，令第八得阿賴耶名，若不執時，但名異熟識。^❸

---

❶ "於母胎中……執趣結生"，見永明延壽《宗鏡錄》卷50，《大正藏》48 冊 2016 號，第 711 頁中 22 至 26。

❷ "此執趣結生……恒為其主"，見永明延壽《宗鏡錄》卷73，《大正藏》48 冊 2016 號，第 826 頁上 22 至 b1。

❸ "古德云……但名異熟識"，見永明延壽《宗鏡錄》卷50，《大正藏》48 冊 2016 號，第 711 頁上 29 至 b8。或源自法藏《大乘起信論義記》卷 2："良以真心不守自性，隨熏和合，似一似常。故諸愚者，以似為真，取為內我。我

問：何名異熟？答：有三義：一、變異而熟，二、異時而熟，三、異類而熟。謂種變異時，果方熟故；造因果熟，定異時故；因通善惡，果唯無記，因果性異故。❶具此三義，故名異熟。此通異生至十地，皆有異熟識名，至金剛心末一刹那時永捨也。❷《楞嚴經》云："從乾慧心至等覺已，是覺始獲金剛心中初乾慧地。如是重重，單複十二，方盡妙覺，成無上道。"❸《大論》④云："始從初心，至金剛頂，皆破無明，顯法性。餘一品在，除此一品，即名為佛"。與此同意。❺無一法不具四句，無一句不以三觀攝之，所謂重重十二也。金剛心，即觀智之別名，言其堅利，能壞一切，故

見所攝，故名為藏。由是義故，二種我見永不起位，即失賴耶名也。又能藏自體於諸法中，又能藏諸法於自體內，故《論》云能藏、所藏、我愛執藏，此之謂也。"（《大正藏》44 冊 1846 號，第 255 頁下 7 至 12）

❶ "問：何名異熟……因果性異故"，見雲峰《唯識開蒙問答》卷上，《卍續藏》55 冊 888 號，第 347 頁中 18 至 21。

❷ "此通異生……永捨也"，見永明延壽《宗鏡錄》卷 50，《大正藏》48 冊 2016 號，第 711 頁下 23 至 25。

❸ "從乾慧心……成無上道"，見《大佛頂如來密因修證了義諸菩薩萬行首楞嚴經》卷 8，《大正藏》19 冊 945 號，第 142 頁下 21 至 23。

④ 即龍樹《大智度論》。此句今見於智顗《摩訶止觀》。

❺ "《大論》云……與此同意"，或直接引自《楞嚴經集註》卷 8："《大論》云：'始從初心，至金剛心頂，皆破無明，顯法性。餘一品在，除此一品，即名為佛。'與此同意。"（《卍續藏》11 冊 268 號，第 573 頁上 16 至 17）"《大論》"指《大智度論》，今本《大智度論》無此句，或改寫自《摩訶止觀》卷 9："《大論》云：'何故處處説破無明三昧？答：無明品數甚多。始從初心，至金剛頂，皆破無明，悉顯法性。餘一品在，若除此品，即名為佛。'"（《大正藏》46 冊 1911 號，第 129 頁中 19 至 22）或改寫自《大智度論》卷 97，《大正藏》25 冊 1509 號，第 736 頁中 29 至下 14。

曰金剛。金剛道，即等覺也。無明有生住異滅四十品，從滅斷起，至金剛道後，方斷生相無明，即子時無明也，異熟種子方空❶，所謂瞥起一念，無明空矣❷。等覺尚有窮靈、極數二愚，當知靈無邊，數亦無邊，而未至佛位，則靈未盡，數安得盡？故曰有二愚也。"大圓無垢同時發"者，謂此識解脫道中即成無垢識，名阿摩羅，即果中第八識，一純無漏，不攝一切染法種子故，不與雜染種、現為所依故，唯與大圓鏡智相應，名無垢識。❸謂如來真智，本性清淨，離諸塵染，洞徹內外，無幽不燭，如大圓鏡，洞照萬物，無不明了，是名大圓鏡智。❹

---

❶ 本文"《大論》云……異熟種子方空"一段，被錢謙益《楞嚴經疏解蒙鈔》卷 8 引用，《卍續藏》13 冊 287 號，第 740 頁中 23 至下 1。"無明有生住異滅四十品……方斷生相無明"，亦見於《楞嚴經直指》卷 8："八識頌云'金剛道後異熟空'，無明有生住異滅四十品，從斷滅起，至金剛道後，方斷無明生相。"(《卍續藏》14 冊 291 號，第 569 頁中 20 至 22)

❷ "瞥起一念，無明空矣"，見真可《八識規矩頌解》卷 1，《卍續藏》55 冊 892 號，第 419 頁上 24。

❸ "解脫道中即成……名無垢識"，見永明延壽《宗鏡録》卷 50，《大正藏》48 冊 2016 號，第 711 頁下 25 至 28。

❹ "謂如來真智……名大圓鏡智"，見《大明三藏法數》卷 9，《永樂北藏》181 冊 1615 號，第 727 頁中 6 至 8。

後記

今生似乎與《八識規矩頌》有緣，而且"緣緣不斷"！初緣是從當時還是南京大學同事的賴永海教授那裡得到委託，對臺灣三民書局策劃出版的佛典新譯系列中唐玄奘《八識規矩頌》做現代文的翻譯與注釋，最終完成了《新譯八識規矩頌》的工作；再緣是受臺灣政治大學林鎮國教授的委託，幫助查詢中山大學圖書館所藏明末王肯堂"八識規矩集解"文本，結果發現了這個僅能在中山大學圖書館中見到的海內外孤本，並運用本校資源而將文本掃描、錄入、勘訂和編校，最後發佈在《中山大學學報》上；三緣是在浙江大學入職後不意收到崇文書局的梅文輝編輯將兩個文本合編出版的建議與邀約，他還為此專門從三民書局購得相關版權。因緣既然如此具足，於是便順命而為將《玄奘〈八識規矩頌〉新譯》和《王肯堂〈八識規矩集解〉編校》連同兩篇導論文字重新修改校訂一遍，在這裡結集刊發。算起來這段與《八識規矩頌》的緣分已經延續了二十年的時光。

在此後記中需要做的當然不只是回顧歷史和抒發感慨，更重要的還是要表達謝意！除了上面提到的三位有緣人之外，還要感謝我的兩位學生和助手李志璋和許偉！兩位後生在佛學上均有造詣，不乏慧根。前者曾幫我通讀、核對和校改過在中大學報上發表的王肯堂文稿；後者則幫我編輯整理了這裡的全書，其間提出諸多修改完善的內行建議。

這裡的文稿，在經過此番重新整理之後，原則上應該好於此前發表的文本。但時隔較久，在對一些概念和問題的理解和處理上已無初寫時的熟悉和把握，故而非不得已不做輕易改動。這個做法的好處是避免了新的差誤產生，壞處是可能還會有舊的差誤留存。惟望方家時時指正之！

倪梁康

2021 年 1 月 30 日

杭州武林門

崇文学术文库 · 西方哲学

1. 靳希平 吴增定 十九世纪德国非主流哲学——现象学史前史札记
2. 倪梁康 现象学的始基：胡塞尔《逻辑研究》释要（内外编）
3. 陈荣华 海德格尔《存有与时间》阐释
4. 张尧均 隐喻的身体：梅洛 - 庞蒂身体现象学研究（修订版）
5. 龚卓军 身体部署：梅洛 - 庞蒂与现象学之后
6. 游淙祺 胡塞尔的现象学心理学 [待出]
7. 刘国英 法国现象学的踪迹：从萨特到德里达 [待出]
8. 方红庆 先验论证研究 [待出]
9. 倪梁康 现象学的拓展：胡塞尔《意识结构研究》述记 [待出]

崇文学术文库 · 中国哲学

1. 马积高 荀学源流
2. 康中乾 魏晋玄学史
3. 蔡仲德 《礼记·乐记》《声无哀乐论》注译与研究
4. 冯耀明 "超越内在"的迷思：从分析哲学观点看当代新儒学
5. 白 奚 稷下学研究：中国古代的思想自由与百家争鸣
6. 马积高 宋明理学与文学
7. 陈志强 晚明王学原恶论 [待出]
8. 郑家栋 现代新儒学概论（修订版）[待出]
9. 张 觉 韩非子考论 [待出]

崇文学术 · 逻辑

1.1 章士钊 逻辑指要
1.2 金岳霖 逻辑 [待出]
1.3 傅汎际 译义，李之藻 达辞：名理探
1.4 穆 勒 著，严复 译：穆勒名学 [待出]
1.5 耶方斯 著，王国维 译：辨学
1.6 亚里士多德 著：工具论（五篇 英文）
2.1 刘培育 中国名辩学 [待出]
2.2 胡 适 先秦名学史（英文）
2.3 梁启超 墨经校释
2.4 陈 柱 公孙龙子集解
2.5 栾调甫 墨辩讨论 [待出]
3.1 窥基、神泰 因明入正理论疏 因明正理门论述记（金陵本）[待出]

崇文学术译丛·西方哲学

1. 〔英〕W. T. 斯退士 著，鲍训吾 译：黑格尔哲学
2. 〔法〕笛卡尔 著，关文运 译：哲学原理 方法论
3. 〔德〕康德 著，关文运 译：实践理性批判
4. 〔英〕休谟 著，周晓亮 译：人类理智研究
5. 〔英〕休谟 著，周晓亮 译：道德原理研究
6. 〔美〕迈克尔·哥文 著，周建漳 译：于思之际，何所发生
7. 〔美〕迈克尔·哥文 著，周建漳 译：真理与存在
8. 〔法〕梅洛-庞蒂 著，张尧均 译：可见者与不可见者 [待出]

崇文学术译丛·语言与文字

1. 〔法〕梅耶 著，岑麒祥 译：历史语言学中的比较方法
2. 〔美〕萨克斯 著，康慨 译：伟大的字母 [待出]
3. 〔法〕托里 著，曹莉 译：字母的科学与艺术 [待出]

中国古代哲学典籍丛刊

1. 〔明〕王肯堂 证义，倪梁康、许伟 校证：成唯识论证义
2. 〔唐〕杨倞 注，〔日〕久保爱 增注，张觉 校证：荀子增注 [待出]
3. 〔清〕郭庆藩 撰，黄钊 著：清本《庄子》校训析
4. 张纯一 著：墨子集解

唯识学丛书（26种）

禅解儒道丛书（8种）

徐梵澄著译选集（6种）

西方哲学经典影印（24种）

西方科学经典影印（7种）

古典语言丛书（影印版，5种）

西方人文经典影印（20种，待出）

出品：崇文书局人文学术编辑部
联系：027-87679738，mwh902@163.com

我
思 ®
敢于运用你的理智